しっかり1億円貯める月1万円投資術

株式会社ウェルス・パートナー
代表取締役
世古口俊介 著

あさ出版

はじめに

日本では、いまだに「投資は危険なものだ」「お金を借り入れることは悪だ」という間違った固定観念を持たれている方がたくさんいらっしゃいます。

確かに、高度経済成長期からバブル経済成長期にかけて、銀行の普通預金金利が5%以上あった時代もありました。

しかし、バブル崩壊後の日本銀行によるゼロ金利政策の施行以降、銀行の普通預金金利はずっと0・1%を下回っています。2016年には追い打ちをかけるようにマイナス金利政策が打ち出されるなど、日本の銀行預金で資産運用を行うことはほぼ不可能だと言っても差し支えない状況です。

銀行に預金をしておくだけで良かった時代はずいぶん前に終焉《しゅうえん》を迎えたにもかかわらず、**日本人の多くは「銀行に預金をしておけば安心だ」という、預金信仰を抱き続けたまま**です。

さらに、近年問題となっている少子高齢化によって、日本の年金財政のひっ迫が進行しています。今の若年層が老年になった頃には、どれくらい公的年金を受け取ることができるかわかったものではありません。

今までのように銀行預金で簡単に資産運用ができなくなったにもかかわらず、公的年金による老後資金は担保されていない。日本人の平均寿命がさらに延伸することが予測される昨今、長い老後生活を快適に暮らすためには銀行預金と公的年金に頼らない資産形成が求められています。

それが「投資」です。

私は大学を卒業した後、新卒で日本の大手証券会社、アメリカの証券会社、スイスの銀行のプライベートバンクという部門で11年間、プライベートバンカーとして富裕層の方々の資産運用をお手伝いする仕事をしてきました。富裕層がどのような投資や資産運用を駆使して、億単位の資産形成を行い、守り、子どもたちに承継してきたのかを私は知り尽くしています。

その一方で、独立した2016年から、サラリーマンの方々に対して資産形成・運用についての支援もしており、順調に結果もでてきています。

この日本の危機的状況下において、それらの経験を本書を通じて皆様にお伝えしていきたいと思っています。

本書では金融資産（外国株式・外国債券）と実物資産（国内不動産）、この2つに対して同時に両建てで投資をしていく「ハイブリッド投資」について解説していきます。なぜならば、金融資産・実物資産ともに時には下振れすることもあり、金融と実物をどちらも保有することで、分散効果により安定的に資産が成長することが可能となるからです。

また35年間で貯める資産の目標額を1億円としているのは十分に実現が可能な金額で、かつ1億円あれば老後の生活に困ることはないと私は考えているからです。

序章では、「人生100年時代」と言われる昨今、今のままでは老後資金に困窮してしまうということを再度説明します。そして第1章では、日本人とアメリカ人との違いや、今後予測されるであろうインフレーションによる家計圧迫などを引き合いに出し、投資の重要性を説きます。

第2章では、本著のメインテーマとなる**「しっかり1億円貯める月1万円投資術」の根幹をなすハイブリッド投資の概要**について、第3章から第5章ではその詳細について解説していきます。

最後に、第6章では資産運用に困ったときに相談できる信頼できるアドバイザーの見つけ方についてお伝えしていきます。最近、急速に増え注目されている、大企業には属さない、主に個人がオーナー経営している独立系の資産運用コンサルティング会社についてもご説明します。

また、巻末資料として、少し難しいですが資産配分・資産運用設計について述べています。投資を行うにあたり、投資に関する基本的な考え方を学ぶための副読本としてぜひご活用ください。

「投資は悪だ」と考えている人がたくさんいます。しかし私は、**投資は悪ではないとはっきり言い切れます。**なぜなら投資は企業の発展に大きく貢献するからです。逆に言うと、投資が増えなければ企業にお金が回らず企業は成長しません。

日本企業がアメリカ企業の成長に遠く及ばないのは投資が少ないから。**つまり"リスクマネー**（高いリスクを取りながらも、高いリターンを求める投資に投入される資金）**の総量"が圧倒的に少ないからです。**アメリカはできたばかりのベンチャー企業に投資するエコシステムが完成しており、Google や Amazon のような世界を席巻するような会社が誕生する仕組みができあがっているのです。

日本は、こういったベンチャー企業にお金が集まる仕組みが未完成で、企業が急速に成長することができない状況にあります。企業が成長することで、国が豊かになり、それが私たちの生活に還元されるというサイクルを生み出すことも、投資のひとつの重要な要素だと考えています。

私自身も投資家から資金を集めて日本のベンチャー企業に投資するベンチャーキャピタルファンドに投資しています。「ベンチャー企業投資なんて危ない！」と思われるかもしれませんが、私が投資しているファンドは投資した価値（バリュエーション）から現在１００倍以上になっている投資先も数社あります。運用益も出るし、企業の発展にも貢献できるし、こんなにうれしいことはありません。

自身の老後の生活資金は自身で資産形成していく時代になりました。現在はインターネットが発達し、簡単に、さまざまな国の、さまざまな資産に投資することが可能です。そして、現在の日本の財政や年金制度の状況を考えると、そういった資産運用が今後の日本人には絶対に必要なことです。

私自身、投資によって同年代の一般の方よりは大きな資産を形成することができました。もし、私が収入を預貯金だけで運用していたら、現在の保有資産の5分の1程度にしかならなかったでしょう。

これまでお手伝いしてきたお客様の資産運用、資産形成方法、自分自身の資産運用のノウハウをできる限りお伝えすることで、日本人が少しでも投資について考えたり、投資を始めるきっかけになれば何よりです。

私は、それが個人の生活の安定や、日本と企業の発展につながると信じております。

2020年1月

著　者

生活費は、早くて75歳で尽きます！

銀行も、証券会社も、
あなたのお金を守ってくれません。
老後資金は自らの手で
捻出しなければならないのです。

あなたは、
80歳、90歳になっても
働き続けますか？

そこでおすすめするのが

投資 です。

人生
100年時代

先進国では2007年生まれの２人に
１人が100歳を超えて
生きる時代が到来します。

でも「長生き＝幸せ」と
断言することはできません………。

本当の幸せは、
自分の愛するヒト・モノに囲まれて、
何不自由のない悠々自適な老後を
送ることではないでしょうか。
しかし！！
年金額の減少やインフレが予測される昨今、

投資は決して

怖くない!!

そして、むしろ投資を行わないことこそ

リスク!!

だということを知ってください。

そのために重要なのが……

ハイブリッド投資

です。すなわち

本書が提案するハッピーライフ②

本書では、**毎月たった1万円で**

1億円の

老後資金を貯める
秘伝の投資法をお教えします。

投資を行わなければならない
理由はいたってシンプルです。
ここ数十年の間で、投資を積極的
に行っている諸外国では
日本の **4倍** もの資産を
増やしています。
これまで培われてきた投資や
金融に対する教育の差は
あまりにも顕著です。

本書では、
この３つの投資について誰でも、
簡単に実践できるように
親切丁寧に解説していきます。

さあ、この本を手にした皆さん！

老後、**１億円**という

大きな資産を手に入れて物理的にも
精神的にも余裕のある生活を
送りましょう！

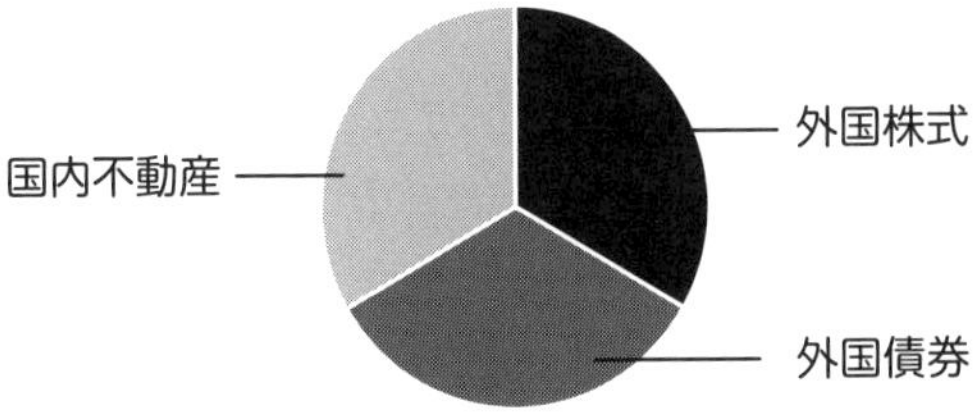

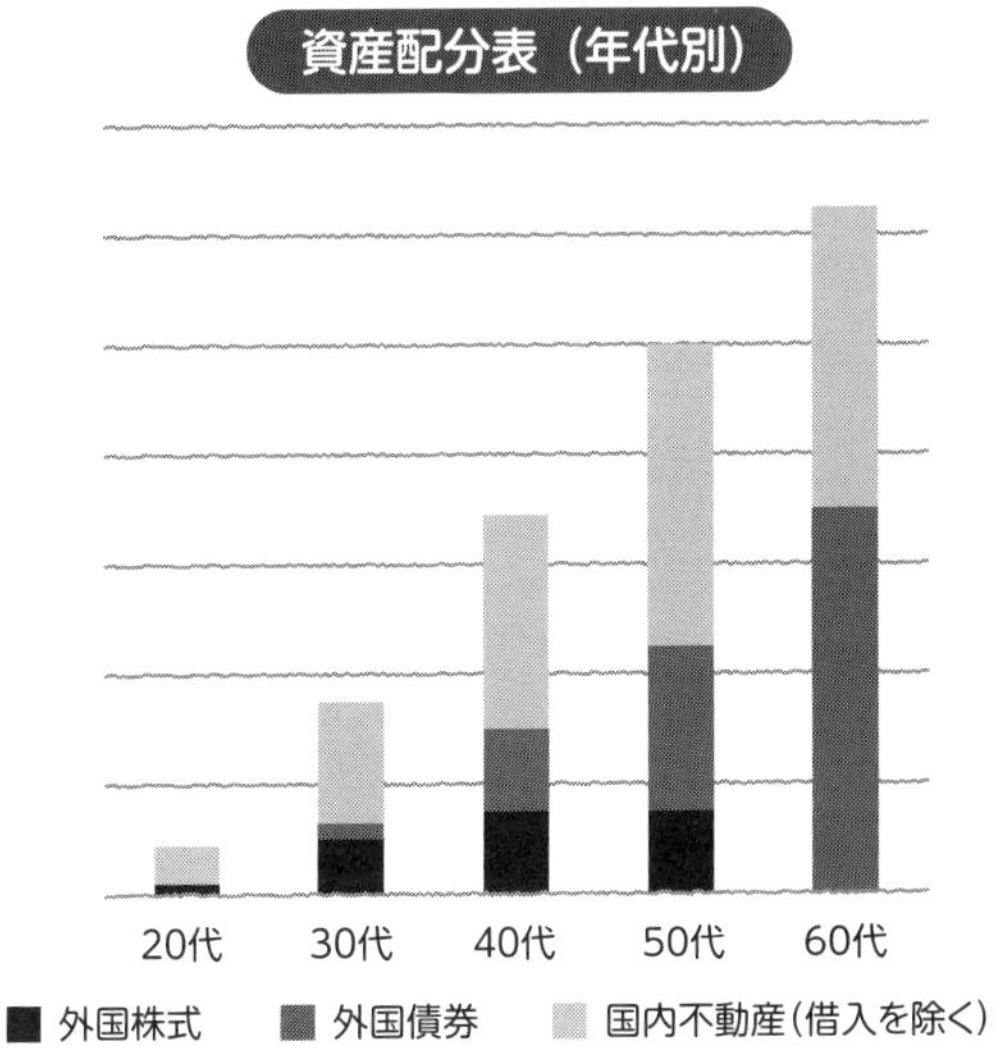

時間をかけて年齢ごとに適切な資産に投資していけば資産１億円以上を目指すことは現実的です。経済状況によっては数億円以上になる可能性もあるでしょう。

序章

人生100年時代の落とし穴から目をそらさない

第1章

「投資は危険」という考え方は捨てる

〜正しく理解し、自分の資産は自分で守る〜

第2章

実は意外と簡単、月1万円ハイブリッド投資法

〜金融資産（外国株式・外国債券）と実物資産（不動産）で資産1億円を作る〜

第3章

若いときは外国株式で資産成長の土台を作る【金融資産①】

～金融資産は長期・積立・複利運用でじっくり構築～

第4章

50代になったら外国債券で定期収入の土台を作る【金融資産②】

～虎の子の資金は債券運用で減らさずにインカムゲインを得る～

第5章　国内不動産で借入を活用して資産形成する【実物資産】

～給料をもらっているからこそできる、さらなる定期収入～

第6章 信頼できるアドバイザーをどう見つけるのか

～まずは独立系の資産コンサルティング会社に相談～

巻末資料 後悔しない！ 資産配分・資産運用設計のコツ

編集協力／櫻井一樹、たま興業・本文イラスト／長縄キヌエ

本書は特定の銘柄を推奨するものではありません。投資に関する最終的な決定は、読者ご自身の判断でなさるようにお願いいたします。

税率等については2020年2月現在のものです。

序章

人生１００年時代の落とし穴から目をそらさない

1 将来、長生きすること自体がリスクとなる

「人生100年時代」。

２０１６年に刊行された書籍『ＬＩＦＥ ＳＨＩＦＴ（ライフ・シフト） １００年時代の人生戦略』（東洋経済新報社）で提唱されたこの言葉は、発表と同時に世界中で大きな話題を呼びました。日本を含む先進国での長寿化が急激に進行し、２００７年生まれの２人に１人が１００歳を超えて生きる時代が到来するというのです。

日本では、本書の刊行とほぼ同時期に、政治家の小泉進次郎氏ら自民党の若手議員数名による委員会が立ち上げられたことで、各種報道機関でも、「人生１００年時代」

という言葉が頻繁に取り上げられることとなりました。そうした一連の流れから、この言葉を一度は耳にしたことがあるという方も多いのではないでしょうか。

「寿命が延びる」というのはたいへん喜ばしいことではありますが、いいことばかりでもありません。**とくに問題となるのが、老後の生活資金です。**

人生100年時代の到来により、これまでのお金に関する常識はことごとく崩れ去ることになるでしょう。

なかでも、現在、高齢者への給付が中心となっている社会保障制度に破綻を来す可能性が大いに考えられるため、根本的な制度の見直しが急務となります。しかし、いまだ抜本的な解決には至っていません。

国による問題解決が進まない以上、国民は自らの力で老後資金を確保していくより仕方がありません。

「人生100年時代」の到来は、「国に頼らず、自分の老後資金は自分で守る」時代の到来となったのです。

2 年金給付額は間違いなく減少する

制度の見直しが火急の問題となっている社会保障制度。なかでも、社会保険に含まれる「厚生年金保険」の再検討が強く求められています。

年金は、リタイア後の老後生活を支えるためのメインの収入源であると多くの人は考えています。

平均寿命の延伸による給付対象者の増加と少子化による年金制度の支え手の減少により、年金財政はどんどん悪化していくことが予想されます。**このままいくと、約30年後には年金積立金が枯渇するという推計があるほどです。**

現在の国民年金と厚生年金の平均的な年金支給額は、月額19万円程度となっていいま

す。

しかし、少子化の影響もあり、現役世代の手取り収入に対する年金の給付水準の割合である「所得代替率」は、現在の6割強から5割程度にまで低下する見通しです。

さらに、**現役世代が支払う年金保険料を法外な額にまで上げない限り、将来的な所得代替率は3割にまで落ち込む可能性すら示唆されています。**

政府は人生100年時代を理由に、厚生年金の加入期間を延長したり、年金の受け取り期間を遅らせる代わりに支給額を増やす「繰り下げ受給」をすすめたりしていますが、その場しのぎの感は否めません。

もっと本質的な制度改革が行われない限り、いざ現役世代が年金を給付される年齢になったとき、年金を取り巻く環境がきちんと整備されているかどうかは不確実なのです。

3 「老後2000万円問題」の真実

2019年、金融庁の「市場ワーキング・グループ」により公表された報告書「高齢社会における資産形成・管理」が大きな物議を醸しました。**「老後2000万円問題」です。**

報告書の内容は、「年金だけでは老後資金を賄《まかな》うことができないため、95歳まで生きるには夫婦で2000万円の蓄えが必要になる」というもの。

そもそも年金制度が発足した1961年当時、「100年安心」「手取り収入50％確保」と謳《うた》っていたはずが、100年どころか60年も経たないうちに「年金だけでは老後資金を賄うことができない」というのですから、国民がショックを受けるのも当然です。

しかし残念なことに、この報告書はあながち間違いではありません。

定年退職後の主な収入源となる年金支給額は、現在、平均月額19万円です。しかし、総務省が公表している「家計調査報告（家計収支編）—平成29年（2017年）平均速報結果の概要—」によると、60〜69歳の一般的な夫婦の平均消費額は月24万円。**つまり、毎月5万円もの赤字が生じます。**

もし仮に65歳で引退し2000万円の貯蓄があったとしても、**単純計算で100歳までにはお金が尽きてしまうのです。**

60歳夫婦の平均貯蓄額は2000万円より少ない1800万円前後だと言われています。平均で足りなくなるということは、日本人の半分以上の人の老後資金が足りなくなるということです。

生活を切り詰めるとか、老後も働くとか、もちろんそういった選択肢もあります。

しかし、**もしあなたがお金の心配を一切することなく、本当に悠々自適な老後を過ごしたいと願うのであれば、2000万円ではまったくお金が足りないのです。**

4 何もしないことが実は最大のリスク

今後、日本という国の財政が破綻する可能性が一切なく、政府が老後資金問題に対する盤石な布陣を敷き、自分の老後についてきちんと面倒を見てくれるという確信が持てるのであれば、これまで通り円預金だけで運用を行っていてもいいと思います。

しかし、そんな保証はどこにもありません。

１９９０年代初頭に起きた日本のバブル崩壊から、日本経済は「失われた20年」と呼ばれる長い停滞期に突入しました。２０１２年から始まったアベノミクスにより、一時は円安が進み、株価も上昇しましたが、ＧＤＰの成長率は一向に伸びていません。

そのような経済状況下にありながら、2019年10月には消費税率10%への引き上げが強行されました。この消費増税により、私たち日本国民にのしかかる経済的な負担は言わずもがな、消費や景気の冷え込みによる日本経済そのものへのダメージすら懸念されています。

もし仮に日本の財政が破綻するようなことがあれば、あなたがこれまで一所懸命働き、生活を切り詰めてコツコツと貯めてきた円預金は紙くず同然となります。

「人生100年時代」を生き抜くためには、多少のリスクを取ってでも何か行動を起こしていかなければ自分の生活を守ることはできません。

何も行動を起こさずただ預貯金だけで老後資金を貯めることは、実はもっともリスクの高い行動であると心得なければなりません。

＼＼コラム 1／／

¥

日本人の「預金信仰」は過去の遺物

高度成長期以降、日本の銀行の預金金利が10％を超えていた頃の習慣が払しょくできておらず、「お金は銀行に預けておくもの」という「預金信仰」が根強く残っているのです。しかし、これは過去の遺物にすぎません。

１９９８年のゼロ金利政策の施行以降、預金金利は大幅に減少し、ここ20年ほどはずっと低い水準で推移しています。当初は日本経済復興の処方箋として大いに期待されたゼロ金利政策でしたが、むしろ大規模な量的緩和の呼び水となり、２０１６年にはとうとうマイナス金利政策が打ち出されるなど30年前とはまったく別の世界となっています。

メガバンクでさえ、普通預金金利で０・００１％、定期預金金利で０・０１％程度しかありません。仮に定期預金で１００万円を1年間預けたとしても、10円の金利が付与され、そこから税金を差し引いた**8円の金利しか受け取ることができない**計算になります。スイスやユーロ圏も低金利ですが、日本は間違いなく世界でトップクラスの低金利国家といえます。

また、**資産のすべてが円預金だけということは、「100%日本のリスクを取っている」ということです。**つまり、日本を信頼し、円という通貨がもっとも安全な資産であると確信している人がとる通貨のポートフォリオです。

言い方を変えると、円預金だけ保有しているということは**「円高にオールインしている」**ともいえます。逆に円安になったときには損をしているということになるのですが、保有している円の金額が変化しないので、損をしているという感覚をお持ちの方はほとんどいらっしゃいません。

銀行預金だけで資産運用を行うことがいかに日本のリスクを取っているかを、しっかりと意識していただきたいと思います。

第1章

「投資は危険」という考え方は捨てる

～正しく理解し、自分の資産は自分で守る～

1 日本人とアメリカ人では投資に対する考え方が全く違う

よく、「日本人は貯蓄を好む」と言われます。

それはあながち間違いではなく、第一生命経済研究所の調べによると、**日本の個人金融資産1800兆円のうち、約52％が預貯金で運用されているようです。**年金や保険が約29％でほとんど円建てだと思いますので、**実質的には個人金融資産の8割以上が貯蓄に回っていると考えられます。**

こうした流れは、団塊の世代と彼らより上の世代の人々によって代々受け継がれてきました。彼らが生きたのは、手厚い年金制度と終身雇用に伴う退職金があり、銀行の預金金利が5％を超える時代。投資など不必要なものでした。

考え方の違いの原因は幼少期の投資教育にある

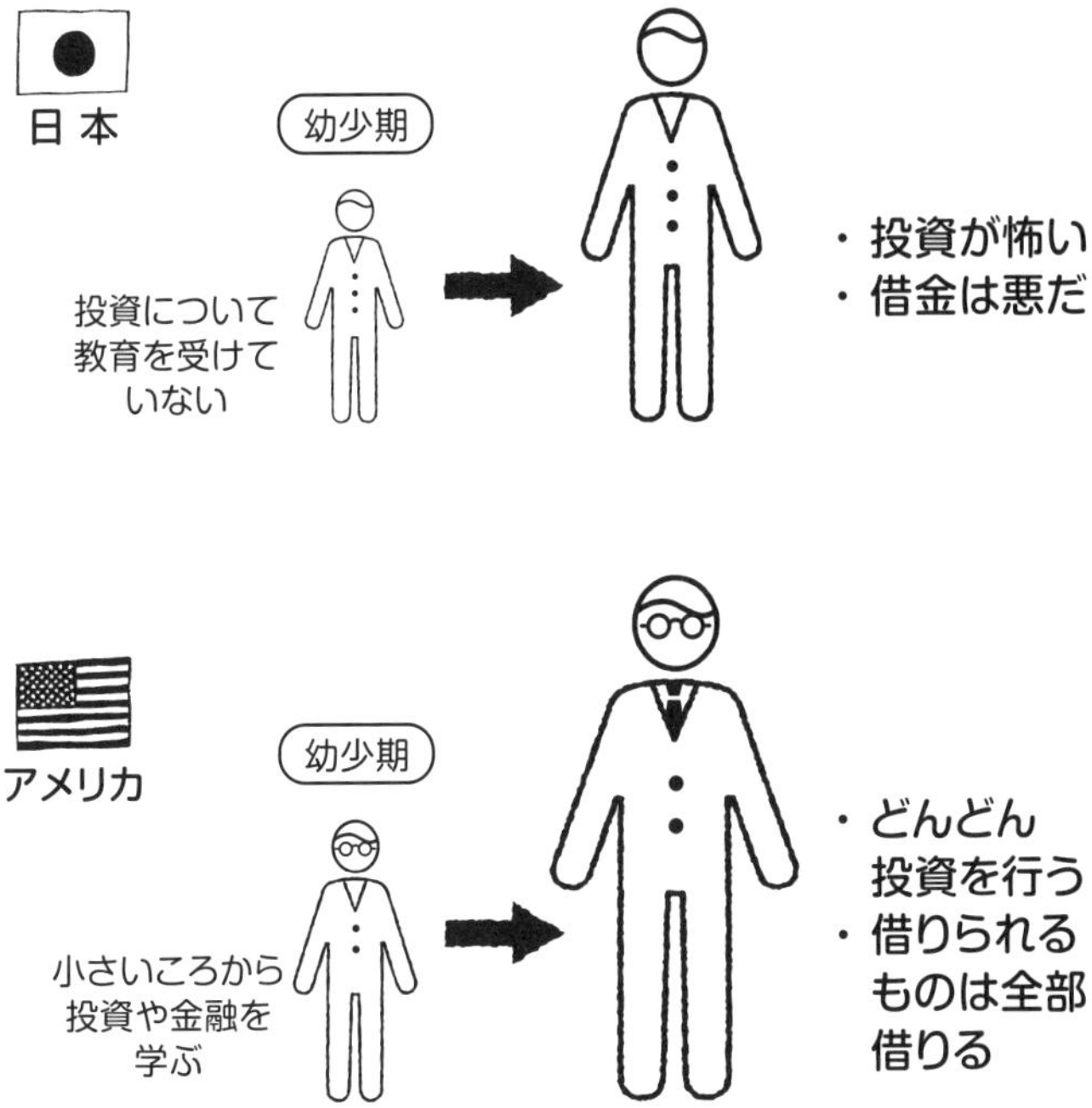
日本
幼少期
投資について
教育を受けて
いない
・投資が怖い
・借金は悪だ
アメリカ
幼少期
小さいころから
投資や金融を
学ぶ
・どんどん
投資を行う
・借りられる
ものは全部
借りる

幼少期に
投資や金融に対する教育を受けるか否かで
お金に関する考えは180度変わってくる

しかし、時が流れ、必ずしも国家が生活を守ってくれるわけではない時代へと移り変わったにもかかわらず、**今だにそうした貯蓄のマインドが色濃く残っています。**

また現在、日本で投資というとバブル時代の過激な株式投資や不動産投資のイメージが残っているのか「当たれば億万長者だが、当たらなければ借金まみれになるもの」という間違った投資像が定着してしまい、**「投資は怖い」というイメージを持っている人が多いのです。**私も新卒で入社した大手証券会社で飛び込み営業を毎日していましたが、これでもかというくらい訪問先で嫌な顔をされました。

一方、アメリカでは投資が盛んに行われています。

なぜなら、**アメリカは小学生の頃から投資やファイナンスについて学校で学ぶ機会があるからです。**株式会社の仕組みや経済、株式市場、クレジットカードの使い方までお金に関する知識を身に付ける教育プログラムがきちんと整備されています。また家でも親が子どもにお金について教えることは当たり前です。

大学生くらいになれば、自分の判断で積極的に株を売買する学生もいます。

こんなこと、日本では考えられないと思います。

さらに、アメリカでは借りられるものはできるだけ借りるという**レバレッジ**（借入）**を活用するという考え方が浸透しており、自宅も車も投資も当然のようにローンを組んで購入します。**

日本人は「借金は悪だ」とかたくなに思い込んでいる人が多く、キャッシュでの購入が基本です。お金に対するマインドが正反対なのです。

近年では、日本人の投資や金融に対する教育レベルの低下を危惧する声もたくさん上がってきてはいますが、一度定着してしまったイメージを払しょくすることはなかなか難しいというのが現状です。

しかし、このような間違った固定観念を根っこから覆していかなければ、日本の将来、そして個人の将来のためにもよくないことだということは間違いありません。

借金は悪ではない！　どんどんレバレッジを活用しよう

2 投資に明るいアメリカ人は日本人の4倍以上資産を増やす

ではそのようなお金に対するマインドの違いが、私たちにどのような影響を与えているのでしょうか。それは数字にはっきりと表れています。

過去20年間で日本人、イギリス人、アメリカ人の資産がどれぐらい増えたかという金融庁のデータによると、日本人の資産は1・47倍、イギリス人で2・8倍、アメリカ人では3・1倍と大きく差が開いていることがわかります。

日本人の資産がアメリカ人の資産に対してどれぐらい少ないかというと、**アメリカ人は20年間で日本人の4倍以上資産を増やしていることになります。**

日本が投資後進国に甘んじているうちに、アメリカなど欧米諸国との格差はどんどん広がっているのです。

その最大の理由は、やはり**日本人は資産構成の半分以上が預金で資産運用を行わないということに尽きます。**ちなみに、それ以外の保有資産も大半が円建ての保険や年金などとなっており、資産が増えるはずがありません。

一方でアメリカ人は預金が13%しかなく、株や投資信託（多くの投資家からお金を集めて、さまざまな資産に投資する方法）などの投資で資産運用を行っている人が非常に多い。その差は歴然です。

またアメリカのベンチャー企業では、会社に入社して「ストックオプション」という、会社が発行する株式を購入する権利をもらうことができます。

その会社が上場して価値が数億円に跳ね上がり、その株式を売却した資金を今度はエンジェル投資家となってベンチャー企業に投資するという良い投資の循環が整っているのも大きな要因でしょう。

欧米諸国との差を埋めるには、預金をやめて投資を行うしかない

3 なぜ投資を行わなければならないのか

安心して老後の生活を送るためには2000万円では足りません。では、具体的にどのようにしてお金を貯めればいいのでしょうか。

私の会社に相談に来られるお客様のなかにも、「ただ漠然と老後資金に対する不安を抱えているが、どうしたらいいのかわからない」という方がたくさんいらっしゃいます。

当然、副業を行ったり、倹約したりすることも有効な手段ではありますが、副業は自分の時間に限界があり、倹約は度が過ぎると楽しい生活を送ることができません。

そこでおすすめしているのが、「投資」による資産形成です。

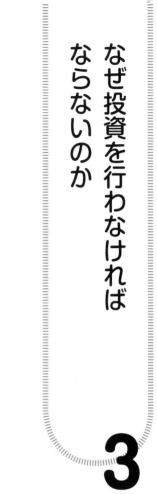

何不自由のない老後の生活を送るためには、収入がなくなるまでに投資によってどれだけ資産形成を行えるかが勝負です。そしてリタイアして収入がなくなってからは、虎の子の資金をどのようにして減らさずに守りながら運用していくかが重要です。

「投資は損をするリスクがある」と考える人は少なくありません。それは間違っていませんが、しかし**現状では投資を行わないほうが実は大きなリスクになっている**と、私は考えています。

大切なのは、投資の勉強をすることで投資や金融に対する教育レベルを高めることです。人間は知らないもの、経験したことがないことは怖いと感じます。投資についてよく知らないから怖いと感じるだけなのです。

この本を読むことで、ぜひそうした恐怖心を払しょくしてください。

投資を行わないことが逆にリスクになっていると心得よう

4 インフレは年金受給者の最大の敵

2000万円の貯蓄があったとしても、単純計算で100歳までにはお金が尽きてしまうと先述しましたが、「いくら平均寿命が延びているとはいえ、100歳まで生きているかどうかわからないし……」と思う人も少なくないのではないでしょうか。

確かに100歳といえば現在の感覚でもかなりのご長寿です。だからといって、老後のために資金を蓄えておかなくてもいい理由にはなりません。

さらにこの概算は、今後、起こりうるであろう「インフレーション（以下、インフレ）」を考慮に入れていません。**ひとたびインフレが起きてしまえば、老後の蓄えは加速度的にすり減っていきます。**

インフレが年金受給者にとって最大の敵である理由

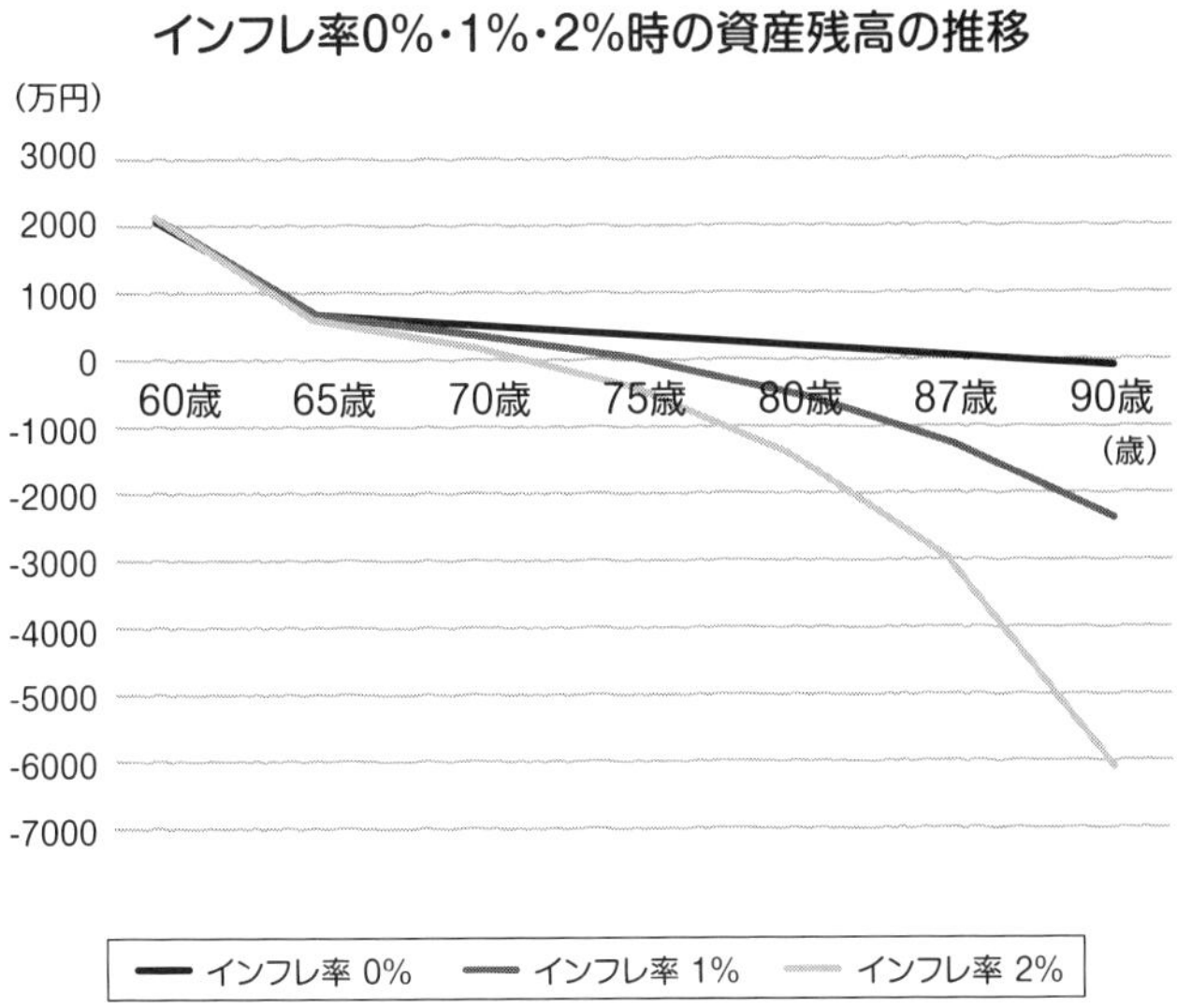

60歳時点で資産が2000万円あり、
以降は年金収入のみ。運用は行わないものとする。
その場合、インフレ率0%で87歳、1%で75歳、
2%で72歳のときに資産がマイナスとなる

インフレとは、物価が持続的に上昇する経済現象のことです。現役世代であれば給料も上がるので問題ありませんが、年金受給者にとって物価の上昇は大打撃となります。

当社のシミュレーションでは、インフレ率が1%の場合、年金が尽きるのはだいたい12年早まって75歳。2%になれば、さらに3年早まり72歳となります。（*マクロ経済スライドは考慮しない）

インフレ率1%というのは十分想定しうる数字ですし、政府や日銀はインフレ率を2%にするためにお金をどんどん供給して、量的緩和を行っています。

一般的に適度なインフレは投資を促し、経済成長につながるため、いいことである、と言われています。**しかし、年金受給者にとってインフレは「最大の敵」と言っても過言ではありません。**

1980年代半ばから1990年代初頭にかけて起こったバブル景気以降、30年近くほとんどインフレになっていなかったため、これまであまり大きな問題として取り沙汰されてきませんでしたが、今後はインフレのリスクについてもしっかりと考えておかなければなりません。

インフレの脅威を退けるためには、**まずは現役時代にリスクを取り、できるだけ多くの資産形成をしておくこと。そして、その形成した資産を日本の円預金だけにしておくのではなく外貨や株式、債券、不動産などに分散することでインフレのリスクを回避することが重要です。**

補足ですが、年金にはマクロ経済スライドという機能があり、インフレになり物価が上がれば年金支給額が増える仕組みになっています。

しかし、支え手の現役世代が減り、受け手の年金受給者が増えると年金支給額は減ります。日本の低い出生率を考えると、仮に物価が上がっても年金支給額は増えないという前提で、資産形成や運用を考えていく必要があるでしょう。

インフレは起こる！　資産を分散して事前にリスク回避！

本シミュレーション（以下同）では、投資効果をよりわかりやすくするために、できるだけ投資にお金を回して１億円の純資産を手にした成功事例として紹介する。本書が提案するハイブリッド投資法のイメージをつかんでいただきたい。

29歳

人生の一大イベントにむけて、ついに投資を決意！

職業 会社員／家族 独身（彼女あり）／年収 500万円／支出 350万円

資産合計		金融資産		実物資産
総資産	400万円	円預金	400万円	なし
借　入	0円			
純資産	400万円			

僕、金森 29歳は、来年、30歳の区切りにかねてから交際中のあやちゃんとついに結婚することになった。会社では昇進して、給料もアップしたから投資に回せるお金が増えた。今まで無頓着だったけど、いつか生まれる子どもの教育費や二人の老後のためにもお金のことを真剣に考えなきゃ！まずは毎月10万円の株式積み立て投資と国内不動産に借り入れで投資をしてみようと思うんだけど、やっぱり怖いなぁ……。

第2章

実は意外と簡単、月1万円ハイブリッド投資法

～金融資産（外国株式・外国債券）と実物資産（国内不動産）で資産1億円を作る～

1 手間いらず！ハイブリッド投資法のメリットとは？

さて、ここまでの説明でいかに投資を行うことが大切なのかご理解していただけたと思います。しかし、ただ単に「投資をやれ！」などと無責任なことは言いません。効果的な投資の手法について具体的に説明していきたいと思います。

その方法とは、金融資産（外国株式・外国債券）**と実物資産**（国内不動産）**を組み合わせたハイブリッド投資法です。**

なぜこの投資法をおすすめするのか、詳細を述べていきましょう。

ポイント1 毎月1万円で、ムリなく投資できる

本書のタイトルにもある通り、目標は1億円の資産形成となっています。

「1億」という途方もない数字にしり込みしてしまいがちですが、**実は毎月たった1万円の投資を続けることでムリなく目標を達成させることができるのです。**

「まだ20代で自由に使えるお金が少ない」「おこづかい制で毎月使える額が決まっている」という方から、毎日家事や育児に大忙しの主婦の方まで、毎月1万円ならなんとか用意できるのではないでしょうか。

投資はできる限り若いうちから始めたほうが効果的ですが、もちろん、40代から定年を迎えた方でも間に合いますので安心してください。

ポイント2 分散投資により安定的に資産が成長！

ハイブリッド投資の真髄は、**「金融資産と実物資産に分散投資することで安定的に資産を成長させる」**という点にあります。後ほど説明しますが、ハイブリッド投資では金融資産（外国株式・外国債券）と実物資産（国内不動産）の両建ての投資をおすすめしています。

金融資産は主に海外の優良企業に投資することでアメリカや新興国など、海外企業の成長を取り込むことで資産が増えていきます。

また実物資産は、東京など首都圏であれば、人口が安定的に増加しており安定的に資産価値が成長していくことが予想できます。

当然、金融資産・実物資産ともに時には下振れ（想定よりも下落する）することもありますが、金融と実物をどちらも保有することで、分散効果により安定的に資産が成長することが可能となります。

ポイント3 株式・債券・不動産は一度購入すればほったらかし

投資と聞くと、四六時中たくさんのモニターとにらめっこをして、チャートの上がり下がりに一喜一憂しているという姿をイメージされる方が多いと思いますが、そんなことをする必要は一切ありません。

今回ご紹介する**ハイブリッド投資法では、金融資産**（外国株式・外国債券）**、実物資産**（国内不動産）**ともに一度購入してしまえば、あとはほったらかしで構いません。**手間がかかるのは投資するときのみなのです。

しかも購入の仕方につきましては、このあとで本書を片手にその通り行うだけでできるように解説していきますので、読者の皆さんが実質行うべきことは、「本著の内容をしっかりと理解していただく」だけで大丈夫です。

まずは、あなたが持っている投資のイメージをすべて捨て去ってください。

投資はそんなに難しくて怖いものではありませんから。

ポイント4 コア資産とサテライト資産に分けて考える

世の中にはたくさんの種類の資産が存在していますが、**大きくコア資産とサテライト資産の2つに分けられる**と私は考えています。

コア資産とは、預金、株式、債券、国内不動産のことで、資産形成や資産成長に不可欠な資産全体の土台となる資産のことです。

一方、サテライト資産は海外不動産やヘッジファンド、金や銀などのコモディティ資産、未上場企業投資、仮想通貨、その他多くの実物資産と位置付けています。

コア資産もサテライト資産も魅力的な投資先はありますが、資産の大部分を占め、資産のベースとなるのはあくまで株式や債券、国内不動産などのコア資産ととらえましょう。

まずはこのコア資産をしっかり築くことで、何があっても揺るがない資産ポートフォリオを形成することが何より大事です。サテライト資産の形成はコア資産が形成できた後でゆっくり考えればいいのです。

ポイント5　やり方を間違えなければ大丈夫

それでも、投資という未知なるものに挑戦していくわけですから、わからないこともたくさん出てくるかと思います。しかも、残念なことに「投資」という言葉を用いてよからぬ悪だくみを画策している人や業者もいないとは言い切れません。

そんなときのために、第6章では信頼できるサービス機関や業者の選び方についてもしっかりとレクチャーしていきます。

多くの方は「お金のことは銀行に相談すればよい」と思われていますが、実はその考えは間違いです。実は銀行はあなたの資産形成について何も考えてもらえません。

そのような誤解を解くためにも、第6章までしっかりと目を通していただければと思います。

ハイブリッド投資こそが、資産1億円を築き守る最適解となる

2 毎月1万円はこうやって捻出する

多くの日本人は、学校を卒業して会社に入り、最初の金融行動として生命保険に加入します。

保険には2つの機能があって、一つは死亡した際の保障、もう一つは貯蓄の機能です。つまり、保障がほしいのか、貯蓄がしたいのかによって目的が異なります。

その2つの目的を同時にかなえるのが「終身保険」で、それに入っている方はかなり多い。しかし、円の終身保険で運用するということは、期間30年で利回り0・3％程度しかない日本国債で運用することとほぼ同じ。よって、投資効率は非常に悪いのです。

そう考えると、正直、20歳前後の若者が新入社員で終身保険に入るメリットはほとんどありません。「結婚した」「子どもが生まれた」など、保障が必要な状況になったときにはじめて保険の検討をしても十分間に合いますし、効率よく保障が得られる掛け捨ての保険に加入してもいいでしょう。

よって、**終身保険に支払っている1万円で投資を行って、老後の生活資金を形成したほうが合理的**と考えられます。

さらに国内不動産を購入する際、銀行借入に対して団体信用生命保険（団信）に加入することが可能です。団信への加入により万が一、死亡した場合などはその借入を帳消しにすることができ、実質的に大きな保障機能を得ることが可能です。

ですので、借入で不動産に投資された方は保険の保障が必要なくなるので保険契約を解約して、その保険料の分を投資に回していくべきでしょう。

思考停止で終身保険に入るのはＮＧ！　その１万円を投資に回そう

3 「金融資産×実物資産」の留意点はココ！

ハイブリッド投資とは、その名の通り金融資産である外国株式・外国債券と実物資産である国内不動産を組み合わせて行う投資のことです。**金融資産と実物資産は資産としての性質が異なるため、どちらかだけではなく同時にどちらも保有することが好ましいです。**

金融資産は取引コストが低く、価格の透明性が高い。またすぐ売り買いできるといった流動性の高さが特徴です。

一方で、実物資産は金融と比較すると取引コストが高く、流動性も低いですが、借入が活用できたり、相続対策に活用できたりするという点が特徴となります。

コア資産とサテライト資産との優先順位をつける

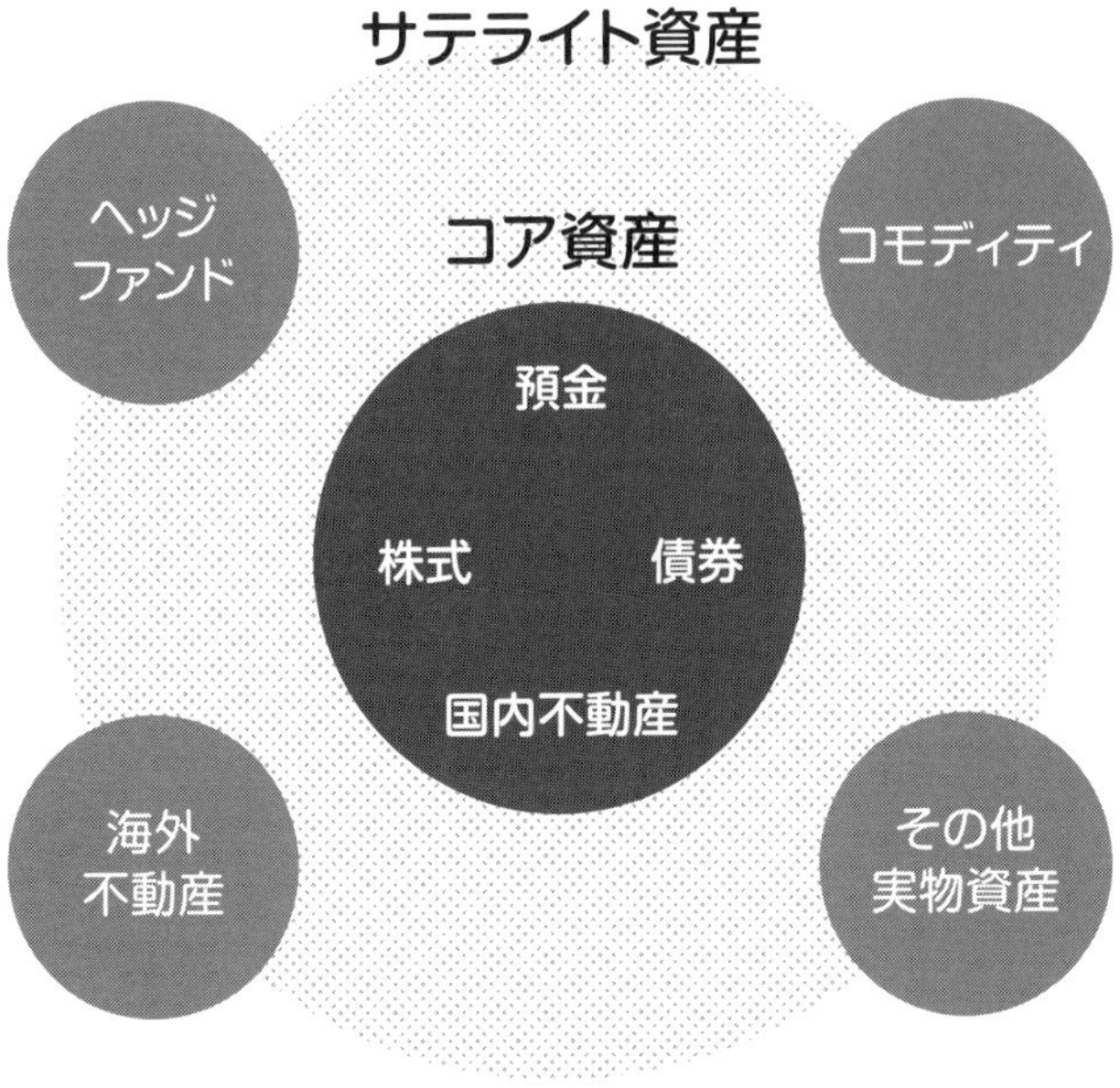

まずは資産の核となるコア資産をしっかり構築、
サテライト資産にばかり手を出すのは危険

金融資産と実物資産ともに、メンテナンスも非常に簡単です。**株式や債券は一度、投資対象を決め、投資を始めたあとは基本的にそのまま放置して大丈夫です。不動産は物件にもよりますが、基本的には管理の手間などが必要ない物件種類を選べば煩《わずら》わしさはほとんどありません。**

そして、運用方法についてですが、実物資産である不動産は借入によって手に入れることができます。

アベノミクス以降、確かに不動産価格は上昇し、利回りも下がってきていますが、同時に量的緩和による金利低下によって銀行からの借入金利がかなり下がっている状況なので、借入を組んで投資するには今は決して悪い時期ではないと考えています。

多くの人は、**借入は富裕層や企業でなければできない**というイメージを持っているかと思いますが、それは大きな間違いです。もっとも借入ができる属性は、実は一般的な給与所得者、いわゆるサラリーマンなのです。

銀行は、貸したお金がしっかり返ってくるかどうかが与信の基準なので、しっかりした会社に勤めていて、安定的に給与収入を得ているサラリーマンにお金を貸したがっているといっても過言ではありません。

金融資産に関しては借入ができないので、手元にある余剰資金で投資するしかありません。そのため、毎月1万円が必要となるのです。

不動産は借入を活用し、金融資産だけはなんとかお金を捻出して同時に運用していくという組み合わせが資産運用のセオリーとなります。

しかし、実際は金融資産の運用が自分で得意と思っている方は金融だけで運用し、不動産でしか運用したことがない方は不動産だけで運用する……そういう方が多いのです。新たな挑戦を行うのはどうしても怖いもの。すでに投資を行っているという方でも資産の配分は金融資産か実物資産のどちらかに偏りがちです。

しかし、**本来は金融も実物も分散してどちらも保有することで本当の「分散投資」をすることが大事なのです。**

金融資産と実物資産を分けることが真のリスクヘッジに！

4 投資を行うことで老後資金は劇的に貯まる

それでは、実際にシミュレーションを行い、毎月1万円で1億円貯めるモデルケースをご紹介いたします。まずシミュレーションの前提条件ですが、性別にかかわらず30歳の会社員で、定年が65歳とします。

購入する株式は、「VOO」という金融商品です。こちらはバンガードという運用会社が運用しているETF（金融商品取引所で取引される投資信託）といわれるもので、S&P500というアメリカの大手株式の指数に連動する商品です。

過去のトラックレコード（収益実績や運用成績）は年率リターンで平均10%くらいなので今後もその程度で運用できたという前提、貯蓄額は毎月1万円と設定します。VOOという金融商品が特別すごいというわけではありませんが、年間の運用コストが0・

毎月１万円で１億円貯めるシミュレーション

年齢(歳)	30	40	50	60	68	70
積立金額(円)	125,656	2,388,605	8,514,502	25,097,561	57,132,609	69,988,589
不動産投資額(円)	100,000,000	85,000,000	70,000,000	55,000,000	43,000,000	40,000,000
借入残高(円)	100,000,000	71,428,570	42,857,140	14,285,710	0	0
➡ 純資産(円)	125,656	15,960,035	35,657,362	65,811,851	100,132,609	109,988,589

積立年数と純資産金額の推移

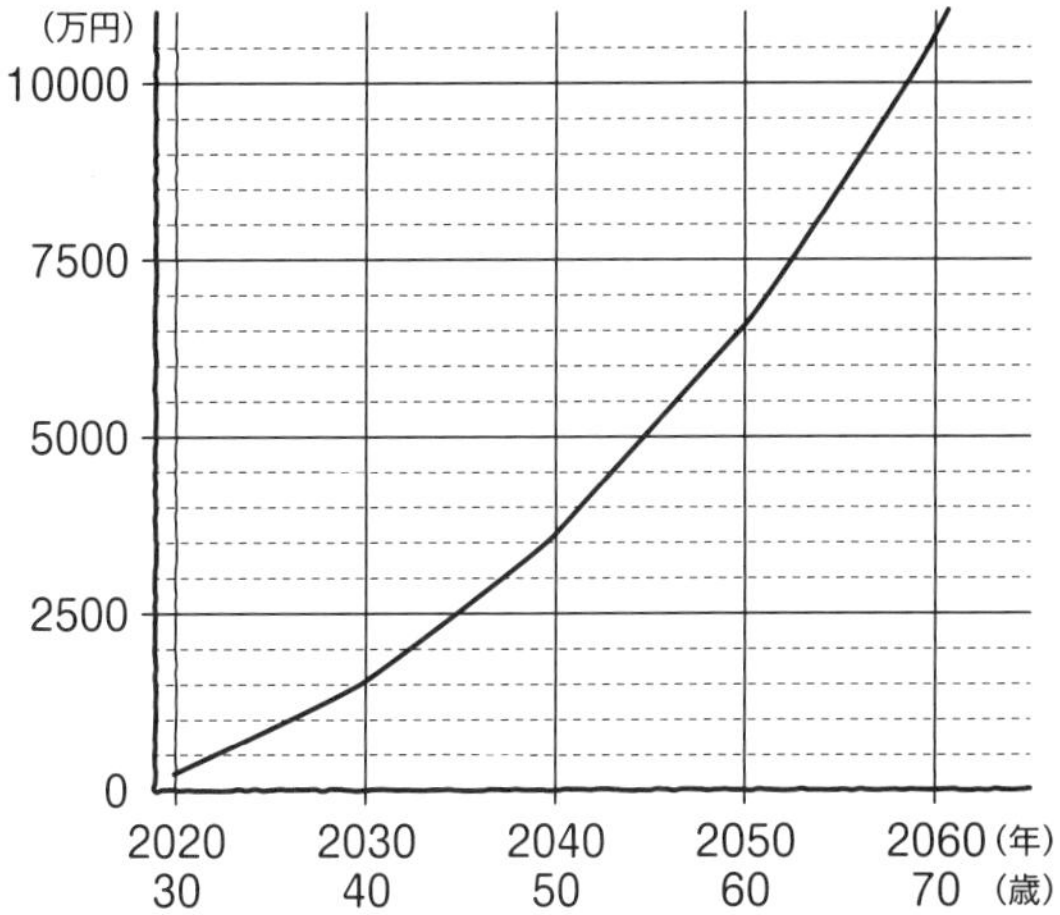

前提条件は本文の通り。
金融資産は複利運用しているので、
年齢とともに資産が増えるスピードが早くなる

※本シュミレーションはすべて米国株式での運用を想定しており、本書が提唱するハイブリッド投資法では、実際の運用パフォーマンスはもう少しなだらかになると想定される。

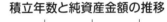

3%とずば抜けて安く、もっとも効率良くアメリカ株に投資できる商品の一つであることに間違いありません。ちなみに日本の証券会社で扱っているアメリカ株式に投資する投資信託の年間の運用コストは2%程度かと思いますので、6倍以上も運用コストが安いことになります。

不動産のほうは、都内の区分マンションを5戸、1戸2000万円として総額1億円分を35年のフルローン（必要な資金を全額借入すること）で購入し、毎月の賃料収入でローンの返済を行います。物件にもよりますが、年間利回り5%は、十分に現実的な利回りです。

株式の積立運用は30歳の段階から始め、不動産も多少の年収や社歴がないと与信が通らずに借入ができない可能性もあるため、収入や信用力が高まる30歳の段階から始めることにします。

金融資産は最初の20年間、なかなか増えません。しかし、**50歳のときに850万円程度、複利運用で増えていくので次第に放物線を描くように増えていき、さらに20年後の70歳のときにはなんと金融資産は7000万円程度に増えています。**

一方で不動産はどうでしょう。金融とは逆に最初に1億円分の資産が一度に立ち上がり、同じく1億円の借入も立ち上がります。その不動産から発生する賃料収入により毎月借入を返済し、徐々に借入残高が減っていき純資産が厚くなっていきます。不動産の建物部分は劣化していきますので、建物部分の価値を６０００万円とし（土地は４０００万円）、40年で建物部分がなくなると想定し、毎年１５０万円、純資産から差し引いていきます。**この劣化による損失を差し引いても20年後の50歳のときに物件価格から借入を差し引いた不動産の純資産は２７００万円程度、40年後の70歳のときには４０００万円となります。**

このシミュレーションによると**68歳のときに純資産が1億円を超える**ことになります。**毎月1万円の投資でも、外国株式に投資し、借入を活用し不動産に投資すれば1億円の資産形成をすることは決して不可能ではない**のです。

このシミュレーションは絵空事ではなく、どんな人でも十分実現可能

5 40代から定年間際の人でもまだ間に合う！

シミュレーションでは30歳から投資を始めて資産1億円を作り出すことになっていましたが、40代から50代や定年が近づいている人でも十分、間に合います。

当然、投資を始めるのは若ければ若いほどいいですが、定年退職後の方にも運用をすすめており、65歳の平均貯蓄額である1800〜2000万円程度あれば、ご夫婦でもやっていけます。

老後に投資をまったく行わなければ、だいたい年間60万円（5万円×12カ月）程度足りなくなってくるのですが、**2000万円を5％の債券で運用すれば、毎年100万円入ってくるので、20万円税金を支払ったとしても80万円が手元に残ります。**たったこれだけの施策で、老後の生活資金が枯渇することは理論上なくなります。

運用利益を生活費に使えば、65歳から1億円の形成はさすがに難しいかもしれませんが、安心して老後を過ごすための運用益を得ることは容易だと思います。

ただ、たったこれだけのことをほとんどの方は知りません。大事なのはちゃんと勉強をしてこういった債券という資産があり、どこに行けば投資できるのかを知ることと、しっかりと引退するまでに運用できるだけの資産を形成することです。

繰り返しになりますが、**ポイントは、金融資産である株式か債券だけでもなく、実物資産である不動産だけでもない、どちらもバランス良く保有するということ**です。

金融資産だけでは借入が活用できない（レバレッジが効かない）資産配分となり、不動産だけだと流動性が低い、いざというときに現金化しづらい資産配分となってしまうからです。

金融資産と実物資産をしっかり分散して、バランスの良いポートフォリオ（資産の組み合わせ）を構築していきましょう。

諦めるには早すぎる。投資を始めるのは何歳からでも遅くない！

コラム2

iDeCo・NISAは年金の代わりになるか

「老後2000万円問題」の発端となった金融庁の報告書では、「iDeCo・NISAによる資金形成」が例示されています。

近年、メディアで取り上げられることも多く、「存在は知っている」という方も多いのではないでしょうか。

これらは本書で紹介するような「投資による資産形成」とは少し趣きが異なるため、そこまで詳しくは言及しませんが、投資以外で普通に1万円を積み立てるのであれば、私もiDeCoやNISAをやったほうがいいと考えています。

そこでiDeCoやNISAのメリット・デメリットについて言及していきましょう。

1　iDeCoとは個人年金

将来のために月々の積立金額となる掛金を設定し、積み立てていく個人年金をいいます。

掛金は月々5000円以上、1000円単位で設定でき、公的年金の加入状況によって上限金額が決まります。

原則として60歳以降の受給年齢に到達するまで積み立てた資金の引き出しができないため、年金と似たような機能を有していると考えてよいでしょう。

また公的年金と同様に所得控除をしながら年金資産を作れるというメリットがあります。

iDeCoの掛金は全額所得控除の対象となるため、所得税と住民税の節税になります。さらに通常、金融商品にかかる運用益に対して、20・315%の税金がかかるのですが、そちらも非課税となります。

2 NISAとは売買益や配当金などが非課税になる制度

NISAとは、株式や投資信託などの売買益や配当金などが非課税になる制度のことです。

ｉＤｅＣｏと同様に、金融商品の運用益に対してかかる20・３１５％の税金が非課税となります。上限は年間１２０万円。最長で５年間運用することができるため、トータルで６００万円分の累計投資額に適用されます。５年間の運用期間が終了したあとも、「ロールオーバー（引き継ぎ）」の手続きをすることによって、追加で5年間、非課税で金融商品を保有することができます。

ｉＤｅＣｏと異なる点は、いつでも売却して出金することができるということです。

将来、まとまったお金が必要になることが自明であるなど、そのときまでに計画的にお金を積み立てておきたいという方には最適な制度だといえます。

また、ＮＩＳＡは通常のＮＩＳＡとは別に「つみたてＮＩＳＡ」と呼ばれるものもあります。

こちらも、運用益にかかる税金が非課税になるのは同じですが、非課税枠の上限が年間40万円、最長で20年間運用することができます。つまり、トータルで８００万円分の累計投資額に適用されるということです。**通常のＮＩＳＡとつみたてＮＩＳＡは**

併用することができず、どちらかを選ぶことになります。

3　知識として知っておくだけでも意味がある

iDeCoとNISAの使い分け方としてはiDeCoが60歳以上から引き出し可能なので老後の生活資金とし、NISAはいつでも引き出しが可能なので自宅購入の頭金や子どもの教育資金などを運用目的として設定するのがいいでしょう。

「非課税」「控除」というキーワードにおいて、メリットは共通しています。あとは自分のライフプランに合わせてどちらかを選択するか、もしくは両方運用するのもアリでしょう。どちらも老後の資産形成の一助となってくれるはずです。

しかし、それでも投資を行うほうが資産形成には効果的です。「それなら紹介しなくていいじゃないか」というのではなく、投資や金融に対する教育を身に付ける一環として知っているのと知っていないのとでは大きな違いがあると考えています。

「こういう方法もある」と頭の片隅にでも置いていただければ幸いです。

35歳

株式投資も国内不動産投資も順調！ 幸せ気分100%

職業 会社員／家族 妻・長男

年収 900万円（給与収入：600万円、不動産収入：300万円）／支出 450万円

資産合計		金融資産		実物資産	
総資産	1億200万円	合　計	1700万円	合　計	8500万円
借　入	6800万円	現預金	500万円	区分マンション（4戸）	8500万円
純資産	3400万円	株　式	1200万円		

投資ってすごい！　株の積み立て投資は堅調だし、国内不動産投資も空室もなくこのままいけば返済も順調に終わりそうだ！　おかげで純資産は400万円から3400万円にまで増えて、子供の養育費にも十分。数年後には憧れのマイホームも夢じゃないな……。

第3章

若いときは「外国株式」で資産成長の土台を作る【金融資産①】

~金融資産は長期・積立・複利運用でじっくり構築~

1 株式は長期で保有し続ける

一般に「金融資産」と呼ばれるものは、預金・株式・債券・投資信託・FX・不動産REIT（リート　多くの投資家からお金を集めて不動産に投資する方法）・保険など、多くの種類があります。

なかでも、株式は収益性と流動性に優れ、損失を被る可能性はあるものの高いリターンが期待できる金融資産です。

そのなかから、日本のものなのか、海外の先進国のものなのか、新興国のものなのか、それらをパッケージにした投資信託やETFのようなものなのか……など細かく分類されますが、どの金融資産に投資するかは基本的には個人の好み次第です。

今回は、年率リターンが平均10％程度の外国株式のETFでシミュレーションを行いましたが、銘柄はとくに問いません。**ただ成長力などを考えるとアメリカ株式に投資するのが、もっとも経済合理性が高いと考えられます。**

また、年単位で見ると損失が出る年も当然あるでしょうが、現役世代の若いうちであれば多少の投資で失敗したとしても引退までに時間があるので十分リカバリーが可能です。

大切なのは、**個別の株式に投資するのではなく、今回例に出したETFといった多くの株式銘柄に分散して投資している金融資産に投資し、個別銘柄のリスクを分散することです。**

そして、1度や2度、損失を出したからといって、投資をやめてしまわないことです。

リーマンショックのとき、株式を保有している多くの方が損切りしていました。ただそのあと株式を保有し続けていたらほとんどの株式は現在、リーマン前の水準を超えています。

大事なのは長期で保有し続けることなのです。

多少のリスクは通行料。株式は長期投資でリターンをゲット

2 個人がプロに勝つには長期運用しかない

例えば株式投資であれば、**自己資金だけではなく、信用取引で借入を使い、一時的に投資元本を大きくして、いわゆる「ギャンブル感覚」で投資を行っている人も散見されますが、これはやめたほうがいいと思います。**そういう方は、ちょっと上がったらキャッシュに戻してとか、損切りしてとか、短期的な売買をしてしまいがちです。

しかし、株式市場は機関投資家やヘッジファンドなどが参加するプロの市場です。少し勉強した個人投資家が短期売買でプロの投資家に勝てるはずがありません。

個人がプロに唯一、勝つためには、長期的な資産運用をするしかありません。

プロの投資家は決められた1年や2年の期間で目標のパフォーマンスを生み出すこ

とが使命ですが、個人の投資期間は10年や20年と圧倒的に長く考えることが可能だからです。

また金融機関の、お客様へのアプローチ（提案）もよくありません。

世の中にある銀行や証券会社が提案する投資信託といわれる商品があります。２０１８年に金融庁により発表された報告によれば、**銀行で投資信託を購入した人の半数が損失を出している**という衝撃的な結果となりました。

これは銀行の担当者がその時々で、手数料を得るためや販売しなければならない投資信託を提案し、お客様に短期売買をさせているからです。販売手数料の高い投資信託を短期で売買していたら利益が出ないに決まっています。

では、どうすればよいのか。次ページより私が具体例を挙げて説明いたします。

株式投資はギャンブルではない！　長期運用で着実に資産を増やそう

3 インターネット証券で株式を実際に買ってみる

では正しい株式の買い方について説明していきましょう。

株の購入には証券会社を利用しますが、**対面式の大手証券会社ではなく、インターネット証券を利用しましょう。**なぜなら、担当者がいる対面の大手証券と比べて、インターネット証券のほうが圧倒的に運用コストが安く、長期運用に向いているからです。

例えば、大手証券の投資信託は年間2％の運用コストがかかります。しかし、インターネット証券で扱っているETFやインデックスファンド（パフォーマンスが日経平均などの指数に連動するファンド）なら0・2％程度に収められます。

つまり、**運用効率が年間で10倍も違ってくる**ということです。

しかも、**大手の対面の証券会社だと前述の通り投資信託の短期売買や乗り換えをすすめられますので、ここに年に何回かの販売手数料がかかり、さらに年間数%のコストが発生します。**これでは資産が成長するわけもありません。

利用するインターネット証券は、どこでもいいと思います。なぜなら、ほとんどのインターネット証券が取引の手数料や機能に違いがないからです。細かい違いはあるものの、ご提案している積立投資をすることはどこのインターネット証券でも可能です。

例えば、代表的なインターネット証券はSBI証券、楽天証券、マネックス証券、松井証券あたりでしょうか。ご紹介の株式に分散投資しているETFやインデックスファンドはどこでも購入でき、積立投資も可能です。長期的に使用することになると思うので、使いやすかったり、インターフェイスが気に入っている証券会社でいいでしょう。

投資の手続きとしては、まずインターネット証券のホームページから口座開設の手続きを行います。証券会社の口座開設は書類を記入するイメージですが、ほとんどのインターネット証券ではネット上だけで口座開設の手続きが可能です。

本人確認書類のマイナンバーカードや運転免許証の提出も必要ですが、スマホで写真を撮ってアップロードするだけで**煩雑な手続きは一切ありません。**手続きを終えると1週間程度で口座開設が完了し、ログインのためのIDやパスワードが自宅に送られます。

これが株式投資の第一歩となります。

ログインしたあとはどこの証券会社も株式や投資信託、債券、積立投資など目的に応じた項目があるので、そこから目的の項目をクリックすれば簡単に取引を始められます。

参考までに、一例としてインターネット証券の代表格であるSBI証券でのインデックスファンドの購入方法をご紹介しましょう。

ログインしたら、画面上部の「取引」ボタンにカーソルを合わせると、「投資信託」という項目が現れますので、そこをクリック（82ページ　画面1参照）。

そこで、委託会社名・ファンド名という欄に「emaxisslim」と入力しましょう（同画面2参照）。すると、インデックスファンドの中でもとくに取引コストや信託報酬が低いeMAXIS Slimというインデックスファンドシリーズがたくさん出てきます。

あとは、購入したいファンドを選択し、「積立で投資する」をクリック（同　画面3参照）。

投資する金額を入力し、取引パスワードを入力すれば投資や積立の準備は完了です。

参考までに、私がおすすめするETFやインデックスファンドをご紹介しましょう。ETFもたくさん種類がありますが、強いていうなら**世界一のETFの資産運用額を誇るバンガードシリーズをおすすめします。**こちらは62ページでも紹介しています。資産運用額が世界一大きいからこそ、圧倒的に安いコストでの運用が可能だからです。

インデックスファンドなら三菱UFJ投信が運用するeMAXIS Slimシリーズです。これも日本の投資信託のなかでは圧倒的に低コストのインデックスファンドで、年間運用コストは0・2％程度となります。投資対象も日本株式から海外先進国、新

[画面 1]

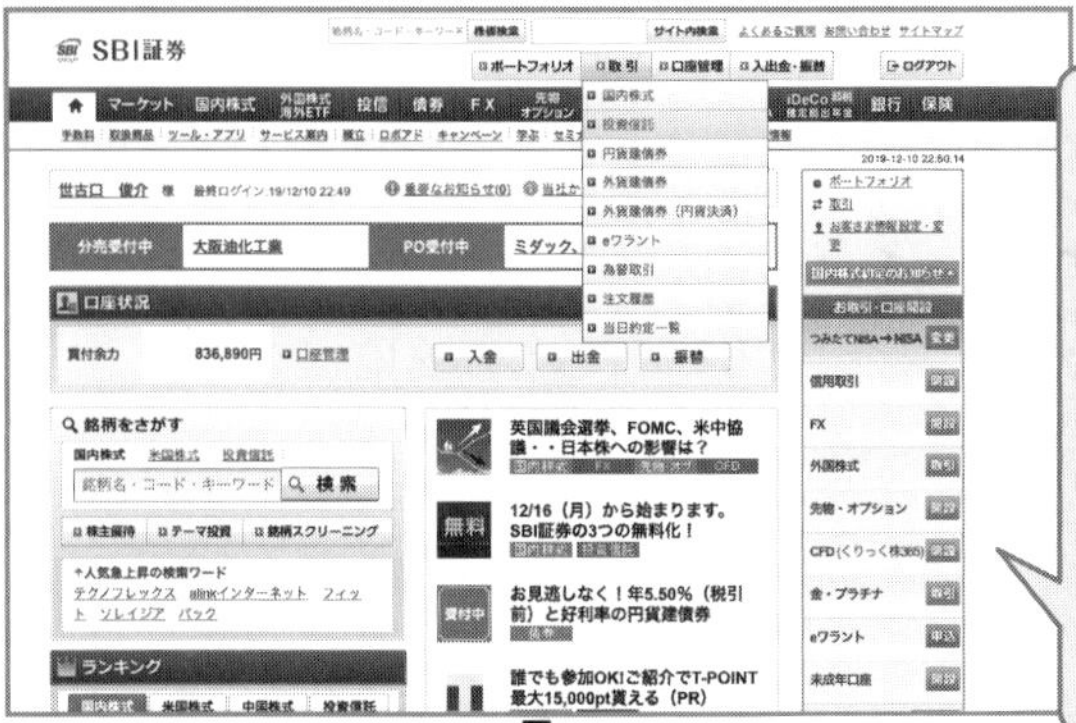

SBI証券のログイン画面からユーザーネームとパスワードを入力しログインします。出てくる画面の右上の方にある「取引」の中の「投資信託」をクリックしてください

[画面 2]

「委託会社名・ファンド名」でご希望のファンドの名前や運用会社名を入力して、検索ボタンをクリックしてください。該当するファンドがすべて出てきますので、ご希望のファンドをクリックします

[画面 3]

クリックしたファンドの画面になりますので「積立買付」をクリックしてください。目論見書を確認する画面になりますので「同意して次へ」をクリックします。あとは積立のタイミングを毎日、毎週、毎月などから選び、積立金額、パスワードを入力して「設定確認画面へ」をクリックします。投資内容の確認画面になりますので、間違いがなければ設定ボタンをクリックすれば積立投資の手続きは完了です

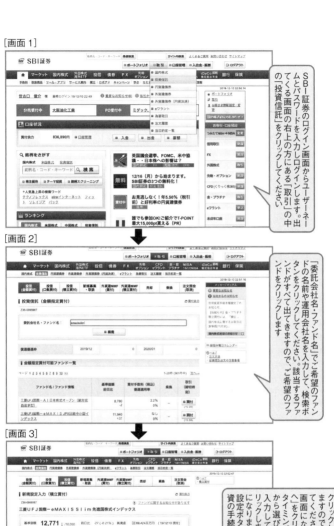

興国など幅広くあります。

ＥＴＦとインデックスファンドの使い方も簡単にご紹介すると、ＥＴＦは数百万円以上のある程度まとまった金額を米ドル建てで運用するのに向いています。米ドル建てで長期的に海外の株式などに投資したい方です。

一方で、インデックスは積立投資に向いています。インデックスは毎日１０００円などでも積立投資が可能だからです。投資のタイミングを分散して毎日１０００円ずつ先進国株式、新興国株式などに投資していくのがいいでしょう。

余剰現預金の株式投資はＥＴＦ、積立の株式投資はインデックスファンドと覚えておいてください。

おすすめはバンガードシリーズか eMAXIS Slim シリーズ

4 株式を運用する際の、2つのポイント

複利運用のパワーを活用する

投資の利益の計算方法で単利と複利という考え方があります。

単利とは、「投資で増えた利益を再投資しない」計算方法のことです。

例えば、元金100万円を年利5％で1年間運用した場合、利子は5万円で資産は105万円。同じ条件で、もう1年運用しても、利息は初めの元金100万円にかかる5万円で一定となるため、5万円にしかなりません。2年間で合計110万円となります。

一方、**複利とは「投資で増えた利益を再投資する」という投資方法のこと。**

単利と複利のお金の増え方

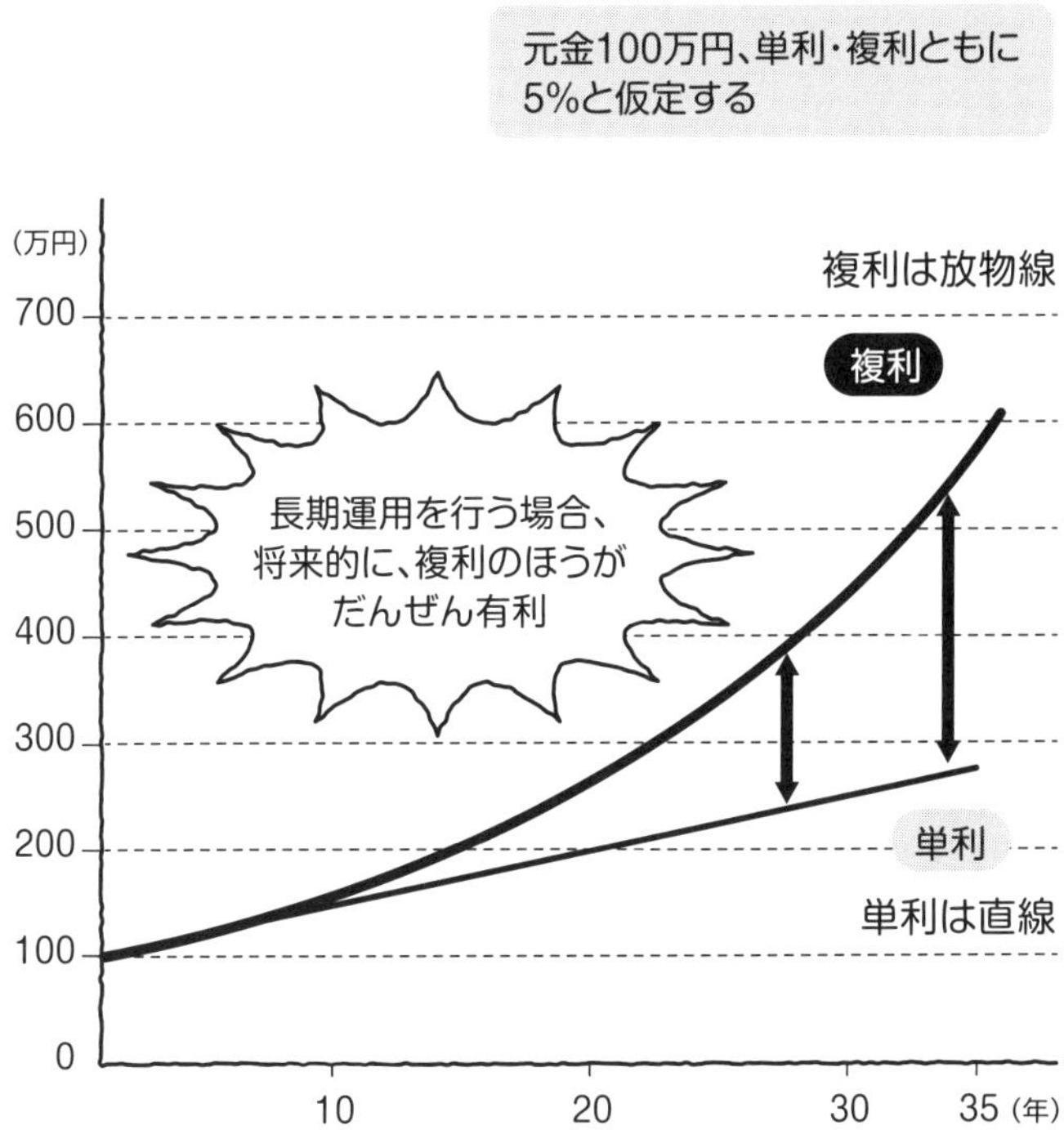

単利は直線に増え、複利は放物線で、
時間とともに加速度的に増える

先ほどと同様に、元金100万円を年利5%で1年間運用したとしましょう。すると、1年後には105万円となるところまでは同じですが、もう1年運用すると、105万円の金利5%という計算となり、利金は5万2500円。合計110万円2500円となります。

つまり、2年間で複利は単利より2500円、運用資産が多くなるということです。

「なんだ、たったの『2500円』ぽっちか……」と思う人もいるかもしれません。

しかし、運用期間が長くなればなるほど、そして運用利回りが高ければ高いほど、単利と複利では明確な差が生まれるのです。前ページの図のように、長い目で見れば複利運用のほうがお得であることは一目瞭然だと思います。

そのため、若いうちから長期間投資を始める前提であれば、絶対に複利で運用したほうがより効率的に運用することができます。

長期積み立てから浮気しない

繰り返しになりますが、個人の投資家がプロの投資家に勝てるのは、「投資期間の長さ」だけです。

ファンドマネージャーやディーラーなどのプロの投資家は、個人ではとてもできない数理計算や会社分析、ＡＩの活用などが可能ですが、一方で、１年や２年という短期間で利益を上げなければ解雇されるプレッシャーと常に戦っています。

反面、**個人投資家はその長期目線で運用できるメリットを活かせばプロの投資家にも勝てる運用が可能となります。**

先述したように金融庁、２０１８年７月の発表によるとある期間の投資信託の銀行窓口販売の損益を調べたところ、46％以上の方が損失を出しているという結果となりました。

集計期間が2013年から2018年なので、ほとんどの資産クラス（投資対象となる資産の種類や分類のこと）が上昇しているタイミングでした。そういったタイミングであったにもかかわらず、これだけ損失を出す人が多いというのはやはりおかしいと感じなければいけません。

失敗の理由は、ずばり「短期の売買が多い」ということに尽きます。 言い換えれば、短期で売却して違うものを買うという「乗り換え」が多いということです。金融庁がはっきりと問題視していると公表していたので、間違いないでしょう。

手数料が入るから、銀行としては乗り換えさせたほうがお得です。はっきりいって、ただの経営戦略でしかないんですね。

皆さんはなぜ銀行にお金の相談をしてしまうのでしょうか。

それは、「銀行は資産運用のプロだ」と思い込んでしまっているからに他なりません。確かに銀行はお金を取り扱ってはいますが、資産運用のプロではありません。

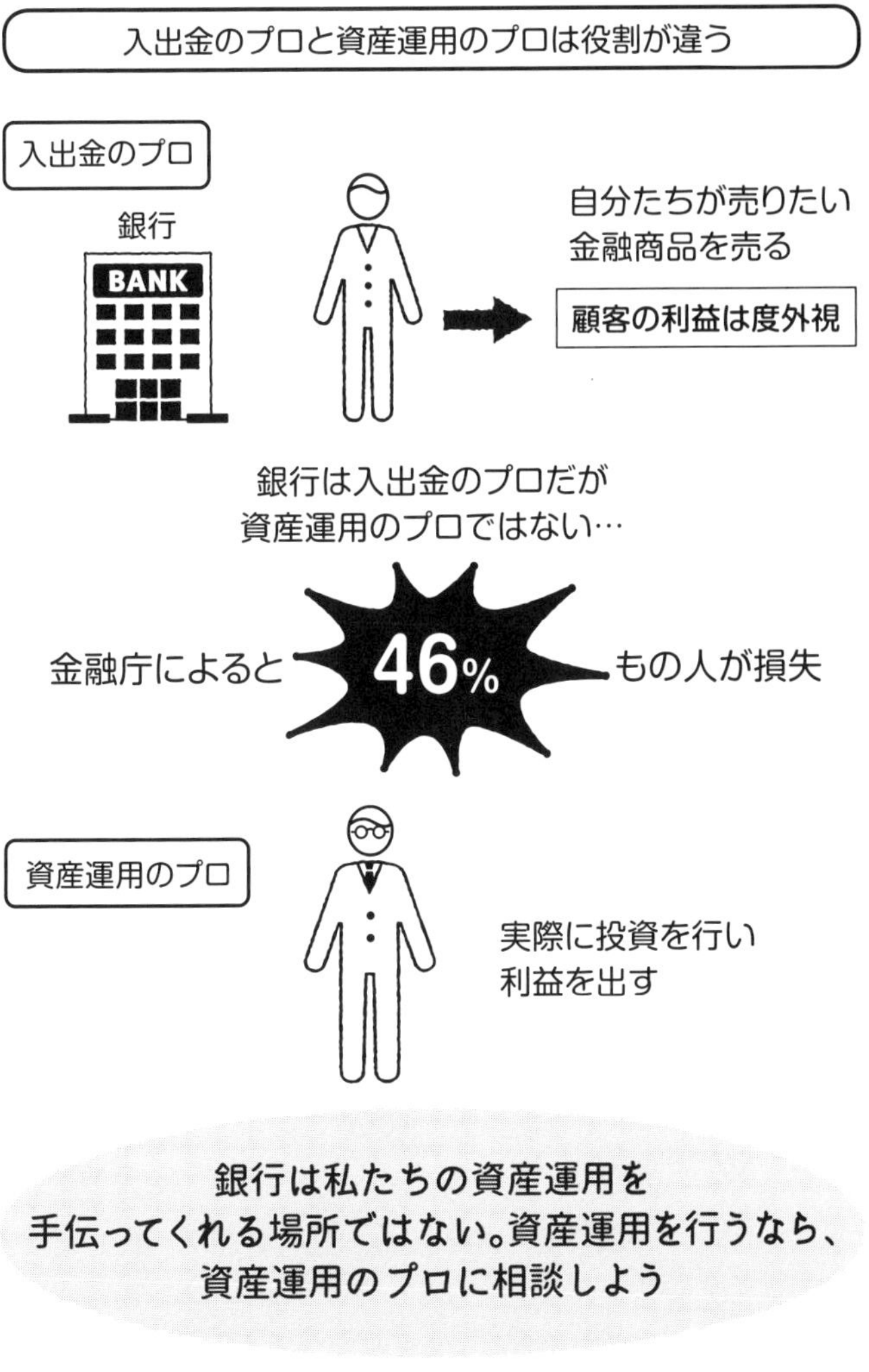
入出金のプロと資産運用のプロは役割が違う
入出金のプロ
銀行
BANK
自分たちが売りたい
金融商品を売る
顧客の利益は度外視
銀行は入出金のプロだが
資産運用のプロではない…
金融庁によると
46%
もの人が損失
資産運用のプロ
実際に投資を行い
利益を出す
銀行は私たちの資産運用を
手伝ってくれる場所ではない。資産運用を行うなら、
資産運用のプロに相談しよう

その銀行や証券会社の担当者が年収1億円のスーパーファンドマネージャーであれば意見を聞く価値があるかもしれませんが、そんなことはまずないでしょう。なのに、多くの人が「銀行＝資産運用のプロ」と混同してしまっているから先のような事態になっているのだと思います。

きちんとした投資や金融に対する教育を身に付けるべきだと肝に銘じておいてください。

短期取引による失敗例

株式を個人で短期売買している人は、一時的には儲かるかもしれませんが、長期的には勝てないケースがほとんどです。短期取引で一度でも大金を手にした経験がある人は、どうしてもその感覚が忘れられず、**いわば「ギャンブル中毒」のようになっています。その方にとって株はパチンコやカジノと同じなのです。**

私のお客様のなかにも、株や債券に投資して、利益が数%出るとすぐに売却して利益を確定してしまう方がいらっしゃいました。

その方は株価や債券の上げ下げを見て、タイミングを図り投資していたのですが、数%の利益は出ても、長期的に運用しているお客様と比較すると実際にはたいした利益は出せていませんでした。

このお客様はまさに短期マーケットで戦っていて、数%の利益は出せても数%負けることもあり、通算のリターンではトントンとなります。

最終的に投資を行うのはお客様ですので、私がいくら忠告しても聞く耳を持ってもらえなかったことに自分の力不足を感じ、悔しい思いをしたことを今でも覚えています。

一方で、**株式や債券をしっかりと長期で保有していた方は、毎年5～10%程度安定して利益を出すことに成功しており、圧倒的に保有資産は増大しています。**

「複利運用」「長期積み立て」が、効果的な株式運用の鍵！

5 積立運用するなら「ドルコスト平均法」

また株式投資を行うのであれば、**ドルコスト平均法**による積立投資がおすすめです。この方法は毎日や毎月など投資のタイミングをできるだけ分散することで、一時点の価格の上げ下げのリスクを回避する投資方法です。

積み立ての逆は、一度に一時点で投資すること。

株だとしても為替だとしても、毎日動きます。動くときは1日で日経平均などの指数でも数%動いたりするのですが、株の個別銘柄だと10%近く動くこともザラにあります。

その瞬間は何が起こるかわかりません。この値動きによって大きな損失を出す可能

ドルコスト平均法で価格変動リスクに対応する

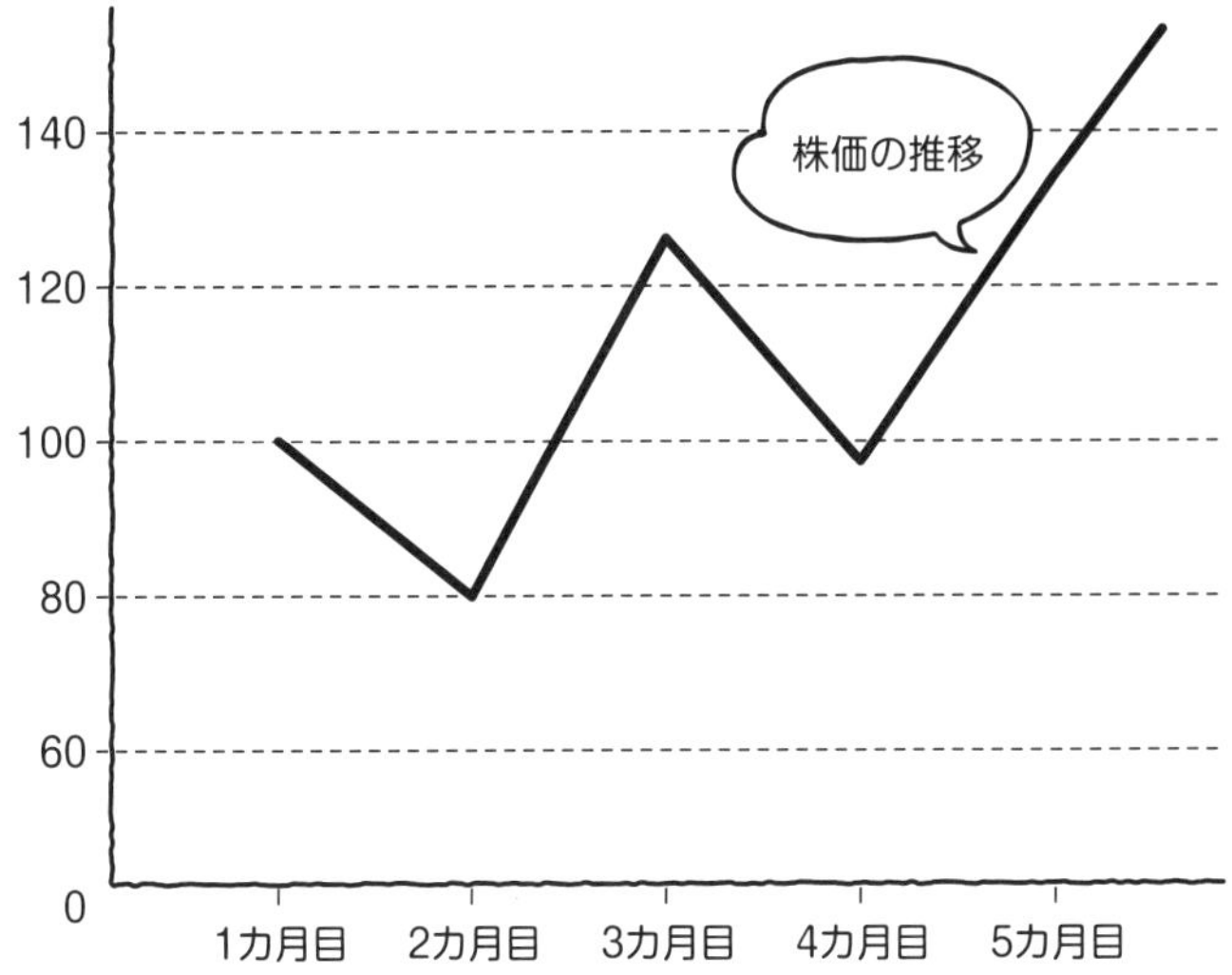

例え株価が数カ月で大きく変動したとしても、毎月一定の金額を投資することでリスクを分散することができる

性もあり、一時点ですべての資金を投資するのはリスクが大きいです。

ですので、その一時点のタイミングにかけるよりは、**「今月100円のときに買って、来月110円のときに買って」ということを定期的に繰り返すほうが、平均取得単価がならされることになり堅実です。**

それが数年、数十年継続すると、もちろん一時的には大きな相場下落もあると思いますが、仮にそういった場面に直面したとしてもあまり気になりません。

むしろ株も為替も下がっており、安く買えてラッキーぐらいに考えることが大事です。

そういった心持ちでいることによって、「損したからもう売却しちゃおう……」などと思うことなく、さらなる長期投資が可能になるはずです。

積立投資の最大のメリットが、このドルコスト平均法というわけです。

積立投資ではタイミングを考えない！

積立投資を行う際には、絶対にタイミングを見てはいけません。

先述のように、積立運用によってドルコスト平均法のメリットを得ることができます。長期運用と同様に、金融市場はプロマーケットですので短期的にタイミングを見ることは無意味です。

しかし、人間には欲と感情がありますので、上がったときは買ったほうがいいと思い、下がったときは売ったほうがいいと思うことがあります。この「儲けたい」「損したくない」という感情や欲がある限り、ＡＩやプロには勝てないのです。

ドルコスト平均法はこの感情や欲、恣意性の一切を排除し、徹底的に平均値を取ります。タイミングを見るのではなく、定期的に買い付けることで平均取得単価を平準化していきます。

とくに株式は値動きが大きく翻弄されやすいので、こうした積立運用がおすすめです。株式市場がリーマンショックのような経済危機で下落したときも、下落した価格で継続して買い付けを行うことができます。

私のお客様のなかにも、リーマンショック前に株式を買い、リーマンショックの下落で我慢できずに売ってしまう、という方がいました。今も保有していれば、買った株価を超えていたので、これが一番もったいないパターンなのです。

私も毎日、積立投資をしていますが毎日、いくらで買えたかや時価を確認したりせず、本当に半年や年に1回、確認するくらいです。毎日、上がった下がったということを考えるのは面倒ですし、一時的に損していても別に構わないと思っているからです。

それくらいの心持ちで運用をしたほうが長期的には良い結果を生み出すと考えています。

個別銘柄には手を出さない！

「トヨタか日産かはどうでもいい」

私は、個別の株式について相談に来られたお客様に必ずこう伝えています。

株式投資＝良い銘柄選びが重要というように考えている人が多く、「株は何の銘柄がいい？」といった議論をしたがる人はとても多い。

しかし、日産の会長（当時）が２０１８年の有価証券の虚偽記載容疑で逮捕された一件で、あれほどまでに株価が暴落するなんてことは誰にも予想できなかったはずです。

つまり、**個別銘柄でリスクを取るのは博打と同じだといっても過言ではありません。**

日産のような個別企業は明日、何が起こるかわかりません。だったら、**最初から何百、何千の銘柄に分散されているようなパッケージ型のファンドに投資するほうが絶**

対におすすめです。銘柄が分散されているため、１００円単位のような少額でも購入することができます。

日本の株であれば日経平均、アメリカの株であればＳ＆Ｐとかダウなどに連動するパッケージ商品が存在します。

個別株式の何を買ったら良いという議論よりも「こういう経済状況なので、株式の割合を厚めにしましょう」とか、「退職されたので株式の配分を少なめにして、債券を増やしましょう」とか、資産配分全体の議論を行ったほうがよっぽど建設的です。

金融資産の株式や債券、実物資産の不動産の資産配分という各資産クラスの割合の議論は意味があるかもしれませんが、頭からどの銘柄を買ったほうがいいという話は不毛でしかありません。

また、たった数点の銘柄にオールベットするということもあり得ません。

あと個別銘柄への投資は先述の短期売買にもつながるのが良くありません。

どうしても個別の株式だと会社のニュース一本で価格が大きく動くので、大きく利益が出たり、損失が出たり、短期で売買したくなってしまいます。

その短期売買で得をするのは証券会社だけなので、やはり個別株はやめたほうがいいと思います。

個別銘柄に固執し、失敗した例

2019年も日本郵政やレオパレス、関西電力など上場会社の不祥事が相次ぎました。

個別株式への投資は集中リスクの最たるものです。

個別銘柄に偏っている方もいれば、日本株式だけやアメリカ株式だけなど、特定の資産クラスに集中しているという方も多い。

慣れているからか、得意と思っているからかわかりませんが、分散投資は資産運用の基本中の基本です。

私のお客様で日本株の信用取引という、お金を借りて株式に投資する手法を好み、特定の日本株数銘柄に集中的に投資しているお客様がいました。

２００５年～２００７年頃までは好調で、投資した資金は投資元本の３倍程度にまでふくらみましたが、２００８年のリーマンショックで軒並み投資先の株式が暴落し、「追証」という追加で担保を入れなければならない現象が発生しました。

そのなかでもっとも投資金額が大きい銘柄で不祥事があったのが大きな原因となり、３倍になった投資資金は元本割れ。結果的に最初の投資金額の３分の１程度にまで資産を減らしてしまったのです。

このお客様も特定の銘柄ではなく、もっと投資先を分散し、資産クラスも分散していればこうはならなかったことでしょう。

「ドルコスト平均法」による積立投資で資産と気持ちの余裕を作る

コラム3

個別企業への投資が大成功するケースもある

ここまで散々、分散投資をすすめてきましたが、個別銘柄に投資して大成功するケースがあるのも確かです。

私が前職の外資系の金融機関で働いていたとき、お客様に創業1年目のスタートアップ企業の社長を紹介され、「数億円のバリュエーション(株価評価)で1000万円、出資しませんか?」と誘われました。しかし、当時の私は1000万円という大金を投資することにしり込みしてしまい、悩んだ末に投資を見送りました。

ですが、その会社がなんと6年後に上場を発表し、時価総額はなんと数百億円に。**投資に誘われたときに投資していたら100倍の10億円になっていたのです。**

スタートアップ企業への投資の成功確率はきわめて低いのですが、**創業者やビジネスに可能性を感じ、資金に余裕があり、元本がゼロになるリスクが許容できる**のであれば、個別株への投資も検討する余地があると考えています。

40歳 株式投資も国内不動産投資も絶不調！　不安感100%

職業 会社員／家族 妻・長男・長女
年収 1000万円（給与収入：700 万円、不動産収入：300万円）／支出 450万円

資産合計		金融資産		実物資産	
総資産	1億4500万円	合　計	1500万円	合　計	1億3000万円
借　入	1億200 万円	現預金	500万円	投資用マンション（4戸）	8000万円
純資産	4300 万円	株　式	1000万円	自宅マンション	5000万円

どうしよう……、株式市況が悪化して株価は大幅に下落。不動産も株価ほどではないにしろ取得価格くらいにまで下がっちゃった。2人目の子どもも生まれて教育費も増えそうだし、マイホームを購入して借入金も１億円超え。不安だけど、投資の力を信じるしかないよね……。

第4章

50代になったら「外国債券」で定期収入の土台を作る【金融資産②】

〜虎の子の資金は債券運用で減らさずにインカムゲインを得る〜

1 債券は基本、投資元本が返ってくる

債券とは、期待リターンは株式に劣りますが、**株式よりも値下がりリスクが少なく安定した運用が期待できる金融資産です。**

株式のような大きなキャピタルゲイン（値上がり益）は期待できませんが、価格の安定感があり、さらに安定的なインカムゲイン（定期収入）を得ることができます。

債券によっては年間4〜6%程度の利回りを生み出すものもあります。それらが投資額に対して毎年ほぼ確実に入ってくるのです。

例えば利息5％の債券を1０００万円分購入した場合は、毎年50万円の利息を受け取ることが可能です。個人で投資した場合、その50万円に対して税金が20％程度かか

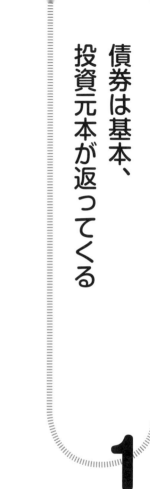

りますので正味40万円が手取りのキャッシュフローとなり、これを自身の支出などに使用することが可能です。

債券投資のリスクは、**債券を発行したのが国であれば「国債」、会社であれば「社債」と呼ばれ、この国や会社が倒産**（デフォルト）**することが債券のいちばんリスクとなります。**債券を発行している会社が倒産した場合、債券保有者は会社に残った財産の分配をされることになります。

債券を選ぶ際は、国や会社が倒産しないかどうかが基準となります。

ソフトバンクはWeWorkへの投資価値の下落により株価がピークから20％も下落しましたが、債券は数％程度の下落に留まっています。**債券は会社が倒産しない限り基本的に投資元本は戻ってくる**ので、価格を決定する基準が株価のように「業績」ではなく「倒産確率」になるということがわかります。

国や会社が倒産しない限り安定した利益を生み出すのが債券

2 債券は大きく分けて2種類ある

では、債券にはどういった種類があるのでしょうか。

大きく2つに分類すると国債と社債です。

国債とは日本やアメリカその他の国が発行する債券のことで、社債とはトヨタやソフトバンクなど主に大手の企業が発行する債券のことです。

利回り（収益性）は一般的には国債より社債のほうが高くなっています。国の信頼性よりは企業の信用力のほうが低く、格付けが低いからです。

投資する通貨は発行された債券ごとに定められていますが、ご存知のように日本円は低金利すぎて債券の利回りも限りなく0に近い利回りとなっています。

具体的には、トヨタなどの大企業が発行している債券でも年利回り1％未満です。ソフトバンクなど格付けが低い企業の債券でも1％から2％程度でしょう。

一方で、アメリカは日本より金利が高い状況にあります。

ゆえに**米ドル建ての債券は基本的には日本円建ての債券よりも利回りが高い状況にあります。**

また米ドルは世界の基軸通貨です。日本円建ての債券よりも、米ドル建ての債券のほうが圧倒的に投資できる銘柄が多く、また流動性も高い（売却しやすい）**です。**私が外国債券をすすめる最大の理由は、ここにあります。

円と米ドル以外でもユーロやポンド、豪ドル、ニュージーランドドル、スイスフラン、その他の新興国だとメキシコペソやブラジルレアル、トルコリラなど、さまざまな通貨建ての債券があります。

ただ、あくまで外貨の中心は米ドルと考えていいでしょう。

保有資産が1億円以上ある人であれば、通貨分散の一環として米ドル以外のその他の先進国や新興国通貨へ分散するという感覚で考えていただければと思います。

現在の債券の利回りは、各国の低金利政策によって日本もアメリカもその他の国々もいまだかつてないほど低金利の状況になっています。

アメリカの10年国債の利回りは1・9％程度、日本の10年国債にいたってはマイナス0・01％というマイナス金利の状況です。

この未曾有《みぞう》の低金利時代を鑑みて、**通貨は日本円ではなく外貨を選ぶ。具体的には米ドルを中心に据える。**

そして、**私は債券の種類は国債ではなく、多少企業のリスクは取るものの、国債より利回りが高い社債をオススメしています。**

また、**社債には「普通社債」と「劣後債」という種類があります。**

劣後債とは何かというと、会社が倒産したときに、その企業の残余財産からまずは普通社債を保有している方に借入の返済を行います。その後、残った財産を劣後債の保有者に返済する、つまり倒産時の弁済順位が劣後するのです。しかし、その代わりに普通社債よりも利回りが高いというメリットがあります。

私は、劣後債でも**この企業は倒産しないだろうという会社の債券であれば、劣後債のほうが高い利回りを得ることができるのでオススメしています。**

債券種類についての説明は以上です。

株式と異なり地味なので、あまり脚光を浴びない資産の債券ですが、**実は富裕層の金融資産の中心は、この債券なのです。**それは債券が株式と異なり、安定的かつ計画的に運用できる資産であるからに他なりません。

債券の通貨は「米ドル」、社債は「劣後債」がおすすめ！

3 債券を実際に買ってみる

皆さんは国債や個別の社債など債券に投資したことがあるでしょうか。日本では債券への投資経験がある方はとても少ないと思います。

前述の通り債券への投資は非常にわかりやすく、明確にキャッシュフローを生むことができるので有望な投資先であることは確かですが、日本では債券に自由に投資できるルートが非常に少ないのです。

まず日本の大手や地場の証券会社でも投資することは可能です。

ただ扱っている銘柄に制限があります。特定の数銘柄にしか投資できなかったり、そのとき証券会社が企業から社債の発行を引き受けた社債などに限定されます。**限定的すぎて複数の銘柄に分散して投資することは実質的に不可能です。**

債券の買い方には４つある

①	インターネット証券	気軽に購入できるが、投資可能な銘柄が少ない
②	対面証券会社	投資可能な銘柄が少ない、新興国投資などの為替手数料が異常に高い
③	プライベートバンク	投資可能な銘柄は多いが、保有純資産が10億円以上など利用可能な方のハードルが高い
④	金融商品仲介業者（IFA）	投資可能な銘柄数はプライベートバンクと同様に国内では最も幅広く、保有資産の制限もない

債券を買う場合は、上図のように４つの選択肢から自分の資産状況に合った、購入方法をしっかりと吟味して選択することが重要となる

最近、口座が急増しているインターネット証券はどうでしょうか。

インターネット証券でも債券への投資は可能です。ただ投資できる銘柄には大手証券と同じように限定的でそのときどきで異なりますが、十数銘柄から選んで投資することになります。

インターネット証券で投資が可能で有効なのは、株式のときにもお話した債券のインデックスファンドやETFです。

インターネット証券は手数料が安いので、非常に合理的だと考えられます。


なお日本において個別の債券に最も投資ができるのは、私が前職までいた日本に進出している外資系のプライベートバンク（保有資産数億円以上の富裕層に限定してサービスを提供する銀行）もしくは独立系（大企業に属さない個人のオーナーが経営している会社）の金融商品仲介業者（IFA）です。

IFAとはIndependent Financial Adviserの略で、証券会社に属さず、独立して金融資産の構築をお手伝いする会社もしくは個人を指します。

プライベートバンクやIFAは何百、何千もの個別の債券銘柄から顧客ニーズに合う債券を選定し、提案することが可能ですので、あわせておすすめします。

ただし、**日本に進出しているプライベートバンクは保有金融資産が10億円以上の方を顧客と認識しています。**

実質的に保有資産が数千万円や数億円の方が、個別の債券に自由に投資するためには金融商品仲介業者（ＩＦＡ）と取引するのがもっとも有効だと考えています。

また、ＩＦＡであればすべての会社が信頼できるかといえば、そうではありません。独立系の会社が多いので、必然的に玉石混合になります。後述しますが、ＩＦＡによっては株式や短期売買しか提案しない会社もあるので、その点には注意してください。

まとめると、**まず小額で債券を買うならインターネット証券。なかでもＥＴＦはおすすめです。そして、資産が潤沢にある方であれば、より選択肢の多いプライベートバンクやＩＦＡを使用する**ということになります。

資産状況に合わせて債券を購入する窓口を選択

4
どう株式から債券にシフトするか

先述（63ページ）のシミュレーションでは、68歳になった時点での資産状況がどうなっているかというと、金融資産で5700万円、実物資産で不動産の建物価値はほぼなくなったとして、4300万円程度はまだ価値としては残っています。つまり、合計で1億円くらいの純資産となります。

ここまででも老後の蓄えとしては十分なものになっていますが**68歳以降は金融資産である株式をすべて債券に変えることが望ましいのです。**なぜなら、定年退職して定期収入である給料がなくなった段階で、資産を大きく減らす可能性がある株式のリスクを取る必要がないためです。

株式から債券への資産配分の推移

株式から債券に資産配分を移し安定運用に切り替えていく

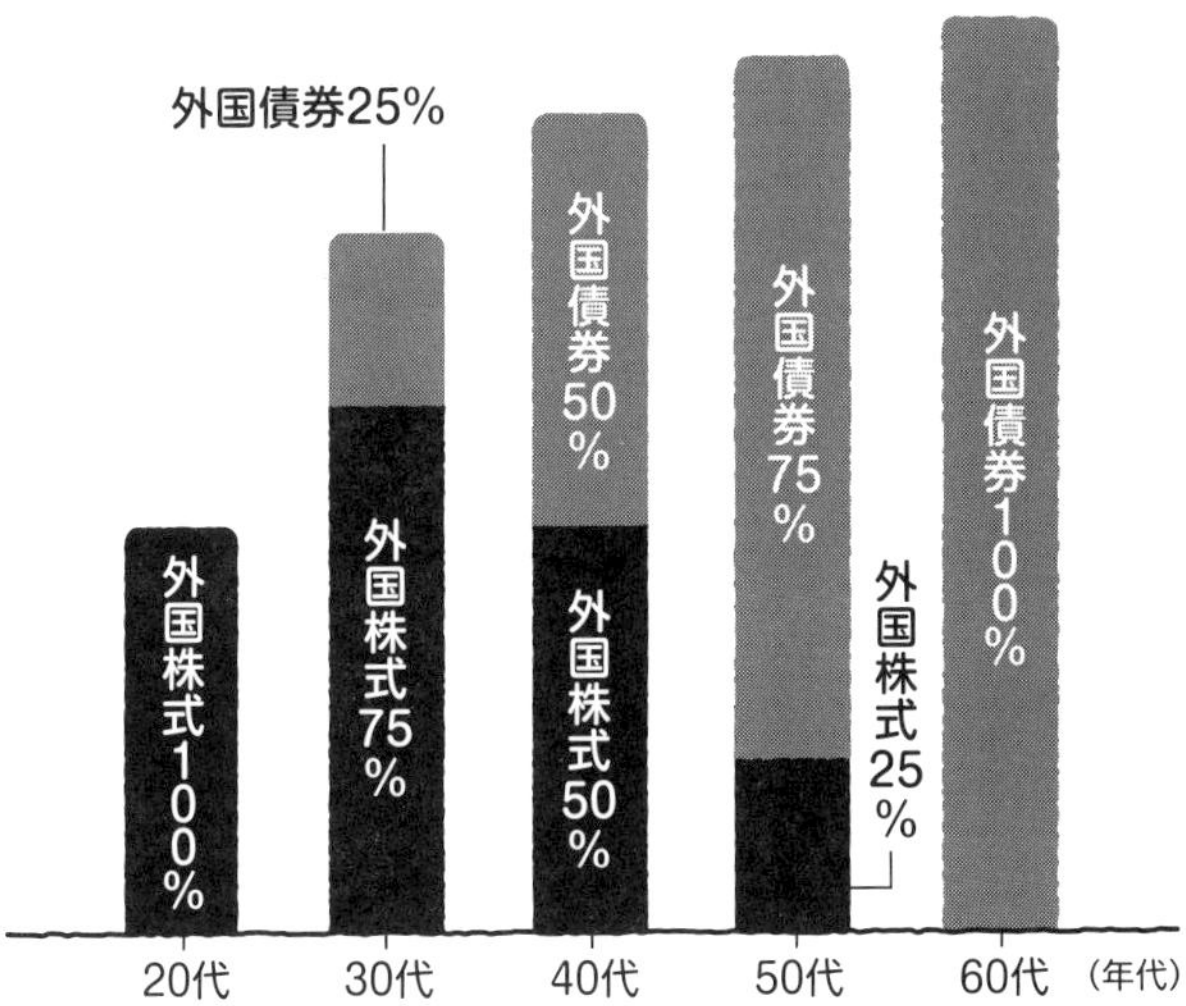

年齢を重ねるごとに
「資産成長の株式投資」から、
「安定運用の債券投資」に資産シフト

現役で若い20代の方ならば100％株式投資でいいと思います。

どこで株式から債券に組み替えるかというと、40代から50代にかけてというのが、一つの目安になってきます。少しずつ債券の割合を多めにしていき、65歳から70歳くらいで退職したら金融資産をすべて株式から債券に組み替える……というプランが最も理想的です。

株式投資で得た5700万円を外国債券の利金収入とすれば、投資対象によっては利回り5％程度で運用できるはずなので、税引き後でだいたい220万円の年間の収入増加となります。それに、国内不動産の家賃収入が年間250万円（投資時の半分の家賃収入を想定）だとすると、合計470万円です。

多めに支出を見積もって、日本人夫婦の平均の年間支出が月19万円の2倍、月38万円とすると年間456万円となります。**ただ年金収入で平均年間228万円**（19万円／月）、**債券収入220万円、不動産収入250万円とすると年間合計収入698万円となり、**

年間収支は２４２万円のプラス。資産は減るどころか増えていく一方となります。

金融資産の運用において、20代は１００％株式、60代以降は１００％債券だとすると、それで30代から50代はどうすればいいでしょうか。

１１５ページをご覧ください。これは株式と債券を組み合わせて年齢に応じてグラデーションのように、配分上、株式と債券との割合を調整するのが合理的かと考えています。

例えば、30代は株式25％に対して債券は75％、40代は株式50％に対して債券50％、50代は株式25％に対して債券75％と考えるのがバランスが良い資産配分と思います。

経済条件に応じて株式と債券の割合を調整することに異論はありませんが、**基本的には投資される方の年齢や状況に応じて割合を調整することが大事**と考えています。

自身の資産状況や年齢を考慮して、株式と債券の割合を調整しよう

5 リスク許容度と資産配分を必ず把握する

前述の通り、若い人であれば仮に投資で損をしても、長い間、給料がもらえるのでリカバリーできます。その意味で、私は株式が多めの資産配分をご提案することが多いのです。しかし、すでに退職されている場合は運用に失敗するとリカバリーが利きませんので、虎の子の資金を安定的に運用する必要性があります。

ただ、もちろんそうした資産配分は、あくまでも目標リターンや投資に対するお考え、資産背景（資産の保有状況）、家族構成、またリスク許容度によります。

リスク許容度とは何かというと、仮に保有する資産が暴落したときにその資産を手放してしまうかどうかの境目です。暴落したときにもっと下がると怖くなって、売却してしまう資産は、その方のリスク許容度を超えていた資産ということになります。

リスク許容度にはその方の年齢もありますが、資産背景や性格に起因することが多いかと思います。仮に若かったとしても「損をしたくない」という気持ちが強い方であれば、リスク許容度を考慮して債券を多めに組み入れた資産配分になります。逆に、お年を召した方でも、債券のように年間4～5％の利回りなんてつまらないという方であれば、資産背景を考慮したうえで、リスクを取れる範囲内で株式による運用を続ける資産配分をする方もいらっしゃいます。

要は、資産配分はその方の年齢や資産背景、運用の目的、性格などすべてを考慮して、決定する必要があります。

この資産配分の決定は考慮しなければならない要素が多く、自分で考えて決めることは難しいかと思います。自身で考えた資産配分が不安であれば、専門家に相談してみることをおすすめします。

自分が取ってもいいリスクの範囲内でのみ、資産配分を決定しよう！

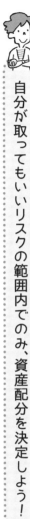

50歳

債券投資もスタート。純資産も１億円越え

職業 会社員／家族 妻・長男・長女
年収 1200万円(給与収入：800 万円、運用収入：400万円)／支出 600万円

資産合計		金融資産		実物資産	
総資産	1億9500万円	合　計	5000万円	合　計	1億4500万円
借　入	6800万円	現預金	1000万円	投資用マンション(4戸)	9000万円
純資産	1億2700万円	株　式	2500万円	自宅マンション	5500万円
		債　券	1500万円		

やった！　景気が良くなって株式も不動産価格も大きく上がったよ！　純資産も4300万円から一気に１億円の大台を突破！　今後は株式をちょっとずつ債券にシフトしたり、借り入れが可能なうちに国内不動産の運用物件を増やしたりして、子どもたちの大学進学に備えておこう。

第5章

「国内不動産」で借入を活用して資産形成する【実物資産】

~給料をもらっているからこそできる、さらなる定期収入~

1 サラリーマンこそ手がけたい不動産投資

不動産投資とは、その名の通り不動産物件を保有し、大家となって賃貸経営をすることです。

不動産投資は物件種類にもよりますが、**区分のワンルームマンションなどは景気に左右されにくいという特徴があります。つまり、仮に空室にならない限りは賃料が毎月入ってくるという、株式などとは異なる、安定的にインカムゲイン**（定期収入）**を得ることを目的とした資産運用です。**

勤めている会社から給料をもらっていくなかで、若いときであれば、株式を積立で毎月1万円ずつ給料のなかから出して運用していき、社会的な信用が得られた段階で不動産投資も始めるというプランが有効かと思います。

不動産投資は自分で多額の投資金額を捻出する必要がなく、借入（他人資本）で物件に投資し、賃料（他人支出）で少しずつローンを返済。そうしていくうちに少しずつ純資産が厚くなっていくという投資なので、**借入時期が早く、投資期間が長くなるほど投資効果が大きくなります。**

また、不動産投資を行うために組むローンには金融機関の与信審査がつきものです。収入が少ない、もしくはフリーランスで会社に勤めていない方はそもそもローンを組むことが難しいため、対象となるのは一般的なサラリーマンの方や、ある程度銀行の与信を潜り抜けられる方となります。

限定的ではありますが、ハイブリッド投資の根幹をなす投資手段ですので、ぜひとも投資の検討を行ってみてください。

安定的なインカムゲインを得ることができ借入が可能

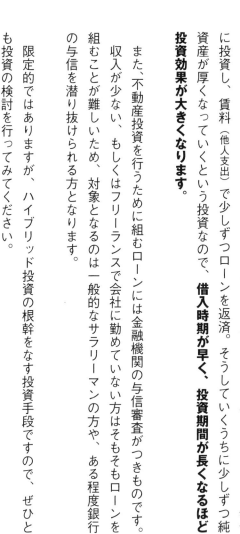

安定したインカムゲインを生み出す

2

不動産は物件選びさえ間違えなければ、株式のように短期的に大きく暴落する要素はあまりなく、安定したインカムゲインを生み出すことができます。

30歳から5物件、合計投資金額1億円で始まり、毎月賃料が入ってくるなかで、元本や利息といった借入を返済していくことになります。

ただし、経過年数によってどうしても建物部分の価値は劣化していきます。

しかし、**40年で建物価値がゼロになると想定し、毎年150万円程度の不動産価値が下落するとしても、借入残高の減少のほうが大きくなり、最終的には利益を生むことができます。**

シミュレーションでは、借入金額1億円35年アパートローンで、金利1・8%毎月の返済金額は32万円。毎年の借入元本の返済額は約285万円となります。

一戸2000万円の物件で利回り5％だと、一部屋あたりの賃貸料は、8万円あたりが相場です。東京だと20平米前後の区分マンションをイメージしていただければいいと思います。

5物件保有すると毎月40万円が家賃収入となり、返済が32万円なので差し引き8万円が純収益となってキャッシュフローにも寄与します。この収入は消費するのではなく、株式など他の投資に回したり、将来のマンションの修繕費用、空室になったときの保険などに貯めておくことをおすすめします。

35年ローンで金利が1・8％のアパートローンを組み、利回り5％の都内の区分マンションに投資すると、以上のような投資効果が期待できます。

他人資本で投資ができ、他人支出で返済、最終的には自分の資産

3 借金は悪という固定観念を払しょくする

日本では借金は悪という風潮があり、ローンを組むことすら抵抗があるという方がいらっしゃいます。

プロローグでも書きましたが、こうした考えは、日本独自の倫理的なものなのかもしれませんが、資産形成という観点では払しょくすべき固定観念です。

投資大国アメリカでは借りられるものは借りたほうがいいという考えがあるように、資産形成のためにレバレッジ（借入）**を活用したほうがいいと私は考えます。**

ローンは長期間、借入を行ったほうがトータルの支払い利息は増えますが、毎月の

区分マンション価格推移イメージ（18m^2 以上 30m^2 未満）

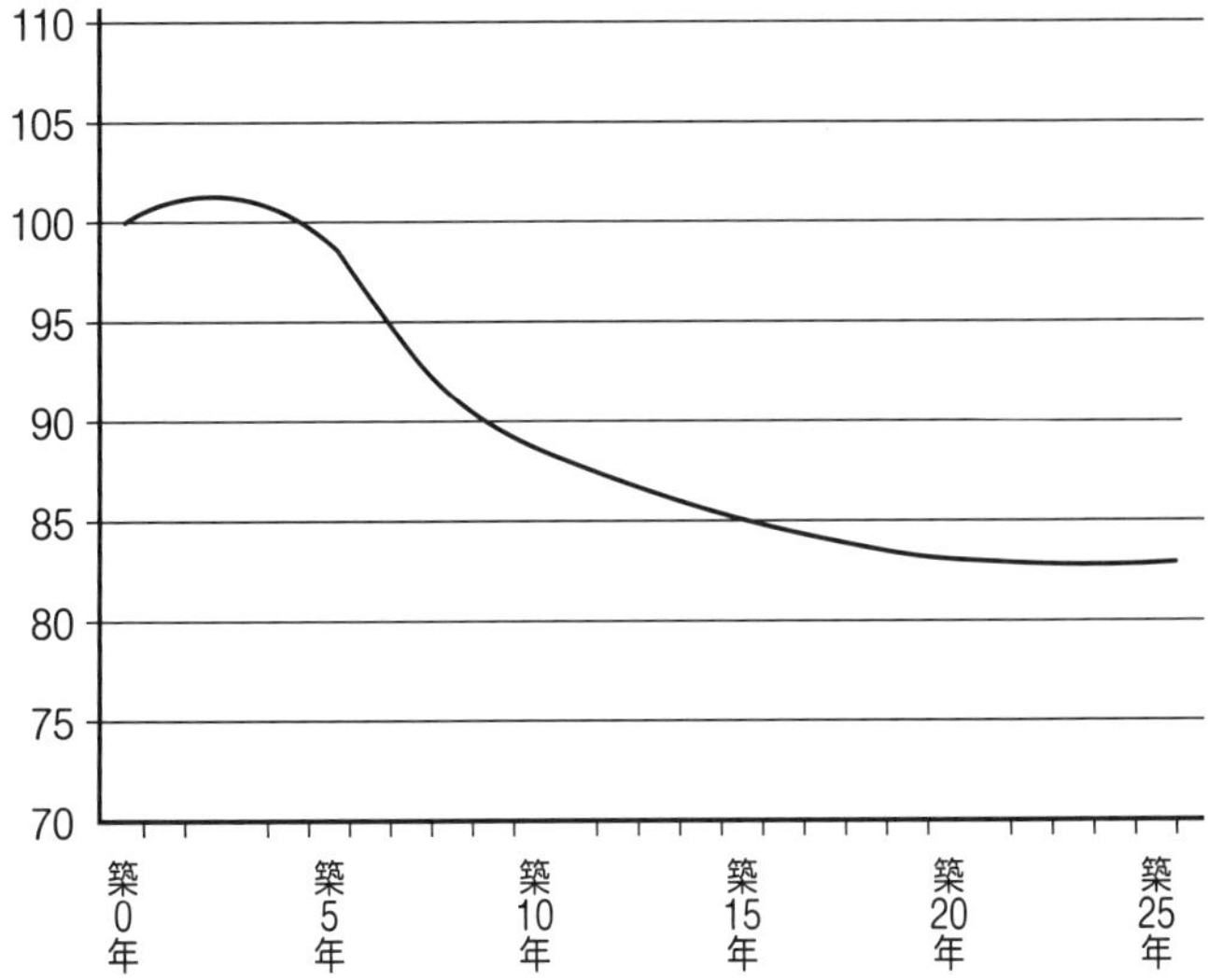

区分タイプのマンションは
築年数が経過しても価格の下落率が少ない

返済額は減ります。**不動産投資を始める際は、資金不足や空室リスクなどによって賃料が想定より少なかったという問題を抱える可能性があるため、できるだけ毎月の返済額を少なくしておいたほうが無難です。**

借入期間35年でアパートローンを組むのが、もっともポピュラーな借入の形です。とはいえ、35年でローンを借りることによって毎月返済額を減らすとはいっても、不動産投資というのはローン返済のために、かなりの時間がかかります。

そのため、不動産投資は若いうちから検討しておいたほうがよいのです。

なぜかというと、銀行でお金を借りるときに79歳から年齢を引いた期間というのが最大借入期間であるという上限が決められていることが一般的です。つまり、45歳以上の方は、残念ながら35年マックスでローンを借りたくても借りることができない可能性が高いのです。

今は金融機関によってはさらに長い40年や45年のローンなども出始めたため、これらのローンで組むことができれば、より少ない毎月の返済金額で家賃収入を得られる可能性が出てきます。

さらに、築年数などもいろいろ関わってきますが、リフォームのときに資金が必要なのであれば、金融機関でのリフォームローンも積極的に借入を検討したほうがよいと私は考えています。

ただし、ローンを組むといっても、初期費用がゼロというわけにはいかないこともあります。シミュレーション通り２０００万円の物件を買う場合、今はいろいろな金融機関があるため、しっかりと比較検討すれば、頭金が数十万円もあればローンを組むことが可能です。

頭金がなければ、年齢が50代、60代の方で借入期間が短くなる場合は返済額が大きくなり、キャッシュフローが厳しくなるため、頭金を用意できるのであれば、ある程度は支払っていいと思います。

無理のない範囲で、前向きにローンを検討！

4 実は不動産会社選びが最大のポイント

不動産は金融資産とは異なり、ふたつとして同じ物件はなく、良い物件に出合うかどうかは縁もあります。そのため、まずは良い不動産会社を選ぶことが大事です。**不動産会社を選ぶ際のポイントは新築ではなく、中古物件を中心に扱っている区分マンション業社が良いでしょう。**

日本ではなぜか不動産は新築が良いという新築盲信の考え方が浸透しています。住む家（自宅）であればその気持ちもわかりますが、人に貸すので新築か中古かは投資家には関係ないことです。新築物件は物件価格に新築プレミアムが乗っているので割高になり、投資した時点で1割、2割くらいすでに下落していると考えても間違いはありません。

あとは、**銀行との提携ローンを扱っている不動産会社を選びましょう。**提携ローンとは銀行と不動産会社が提携してパッケージ化しているローン商品で、少し金利は高いのですが審査が早くてフルローン（必要な資金を全額、借入すること）が出るのが良い点です。

最後になりますが、**物件の管理をしっかりしてくれる不動産会社を選びましょう。**管理が雑な不動産会社だと空室の状態が長く続いたりミスが多かったりと実質的に損失を被る可能性があります。

不動産は人生でいちばん大きな買い物になる可能性が高いです。取引する業者を安易に決めるのではなく、信用できる方から紹介してもらい、自分自身でも不動産会社や担当者をしっかりチェックし、見極める必要があります。

不動産会社選びのキーワードは「中古物件」「提携ローン」「信頼性」

5 銀行選びは自分の状況を考えて決めましょう

銀行が提供する不動産担保ローンには主に「プロパーローン」と「提携ローン」の2つがあります（次ページ参照）。プロパーローンとは、不動産会社を通さず銀行と個別に交渉して、物件や個人の信用力について審査をしてもらいローンを組む方法です。提携ローンは銀行と不動産会社が提携して提供しているパッケージのローン商品です。

それぞれのローンにメリットとデメリットがあるので、検証していきましょう。

余力があるならプロパーローンを考える

プロパーローンのメリットは、金利の条件が良いという点です。

プロパーローンと提携ローンのメリット・デメリット表

	プロパーローン	提携ローン
頭　金	必要あり(2割以上)	必要なし
金利コスト	低い(1%未満) ※借入人の属性による	高い(1.5%以上)
審査期間	短い(2週間程度)	長い(1カ月程度)
手　間	かかる (自ら銀行開拓の必要あり)	かからない (不動産会社が紹介)

資金に余裕があり
手間を惜しまないならプロパーローン。
資金に余裕がなく手間をかけられないのであれば
多少金利は割高だが提携ローンを選択しよう

なぜ金利が安くなるのかというと、提携ローンとは異なり、個別にローンを組む方の信用力や物件の内容を詳細に数週間から1カ月程度かけて審査するため、銀行が「この人ならしっかりとした返済能力がある」と判断した方であれば、より有利な融資条件を提示できるからです。

具体的には、**プロパーローンなら0・5%から1%程度の低金利でローンを組むことも可能となります。**

デメリットは、どうしても審査に手間がかかることです。

ローンを組むために詳細な審査が必要になるので、資産や収入に関する書類をすべて提出し、長い時間をかけて審査します。

しかも、それで審査が通ることもあれば、通らないこともあるので、通らない場合は融資してくれる新しい銀行を探さなければならなくなります。

また、頭金が必要になることが多く、その方の信用力によりますが、現在は投資物件の2割から3割程度は頭金が必要なことがほとんどです。

提携ローンは金利が高いことを覚悟する

一方で、**提携ローンのメリットは投資物件の金額すべての借入が可能、いわゆるフルローンが可能なこと、そして審査の容易さです。**

銀行は自分で探す必要がなく銀行が紹介してくれるパッケージ商品なので、一定の収入基準をクリアしていればローンが組め、審査もプロパーローンより速く簡易的です。デメリットはというと、プロパーローンより金利が高くなることでしょう。提携ローンの金利は1・5%から2%程度になります。

借入金額1億円、借入期間35年のローンで金利が1%違うと利息の返済金額が2000万円程度、差がつきます。プロパーローンか提携ローンどちらが良いのか、現在の自分の状況を考えながら、決めていく必要があります。

プロパーローンか提携ローンかは、自分のお財布と相談して決めよう

6 不動産投資に付きまとうリスク・注意事項

「実物」というだけあり、当然ながら経年劣化による修繕やそれに伴う賃貸需要の減少による賃料の低下、さらには災害等で投資物件が壊れてしまうなどといったリスクはつきものです。

しかし、**不動産取引における最大の関心事はやはり「空室になるかならないか」ということに集約されると思います。**

毎月の賃料収入を元に銀行へローンを返済していくことになるので、この賃料収入に直接かかわってくる空室リスクには最新の注意を払う必要があります。

空室リスクを避けるための物件の選び方

空室による賃料低下のリスクを最大限に抑えるためには、物件を借りて住む人のニーズに合った物件選びが重要となります。

現在の世の中の人口動態や需要などを考えると東京の区分マンションがいちばん需要が高いでしょう。

日本の人口は徐々に減ってきているにもかかわらず、東京は人口が増えています。とくに単身者の増加が顕著なので、単身者向けの区分マンションの需要はなかなかなくならないはずです。

数多《あまた》ある不動産のなかから、できる限り空室リスクが低くなる物件の選び方のポイントを次に数点まとめてみましたので、ぜひ参考にしてみてください。

ポイント1 駅から徒歩5分以内が望ましい

物件は、駅から5分以内、遠くても10分以内が理想的です。駅から15分以上かかる物件は、居住者が埋まらない空室リスクが著しく高くなります。

しかし、駅から近ければ近いほど利回りは低くなり、遠ければ遠いほど利回りは高くなります。ただ、多少利回りが低くなったとしても、数カ月空室の部屋を抱えるリスクを鑑みると、大局的には駅から近い物件を選ぶほうが合理的です。

ポイント2 区分マンションが良い

不動産には一棟のマンションやアパート、オフィスなどさまざまな種類がありますが、おすすめは区分マンションです。

理由は「物件価格の手頃さ」「流動性の高さ」「フルローンでの投資が可能」の3点です。

一棟のマンションは都内だと小さい物件でも1億円以上はします。区分マンションであれば2000万円程度から投資でき比較的、手頃な金額で投資できます。

また一棟マンションだとひとつの場所にリスクが集中してしまいますが、2000万円の物件が5部屋であれば異なる場所に分散して投資することが可能です。

さらに、流動性が高いということは売りやすいということです。これは物件金額が手頃で投資できる人が多い（買い手が多い）ことが理由です。またフルローンが可能な提携ローンを使用できるということも良い点です。

2018年のかぼちゃの馬車やスルガ銀行の事件があって以降、銀行は融資の姿勢を厳しくしています。それまでは年収500万円のサラリーマンにも一棟マンションを買うための融資をフルローンで出すこともありました。ただ現在はそういった方は融資の審査自体、通らないことが多くなってきました。

また借入ができてもフルローンにはほど遠く、頭金が投資金額の30％程度必要とされることが直近は多くなっています。

まだフルローンが可能な不動産は、提携ローンを利用した区分マンション投資だけではないかと思います。

なお、その方の資産背景や収入、属性によっては提携ローンではなく、個別に銀行で審査してもらい融資を受けたほうが条件が良い場合もあり、銀行に自ら交渉するという選択肢もあることを覚えておきましょう。

ポイント3 ワンルームタイプが良い

ワンルームタイプがいい理由は、**広めのファミリータイプの部屋よりも物件価格の下方硬直性があるから**です。時間の経過とともに区分マンションも建物部分が劣化していきますので、基本的には価格は下落していく理屈になります。ただ、その下落率はファミリータイプよりワンルームタイプのほうがなだらかなのです。

ポイント4 中古が良い

自分で住むなら新築のほうが気分も良く、お金に変えられない価値があるかもしれません。

ただ投資において新築は向いていないと断言することができます。127ページを見ていただくとわかるように、新築価格から数年が価格のマックスでそこからは大幅に下落していっています。これは**新築物件には「新築」というプレミアムが特別に価格に乗っており、時間が経つとそのプレミアムの価値が失われていく**からです。家賃も同様です。

誰しも中古よりは新築に住みたいので、新築であればあるほど家賃が高いですが、時間の経過とともに下落のスピードも速いのです。

新築か築10年かは価値に大きな差があるように感じますが、築10年と築20年はそこまで差を感じないのではないでしょうか。物件の価格や家賃も同様に値付けがされるということです。

ポイント5 安易な繰り上げ返済をしない

毎月の返済額は借入金額、期間、金利によって、あらかじめ金額が決められます。

しかし、**決められた返済額以上にローンを返済することができる「繰り上げ返済」という制度があります。**

「ボーナスが出たから早くローンを返済してしまおう」と繰り上げ返済をされる方が多いのですが、基本的には繰り上げ返済はしないほうがよいでしょう。

もしあなたがアパートローンを金利1・5％で借りていて、その後、資金に余裕ができたので繰り上げ返済しようと考えたとします。しかし、一度冷静になって考えてみるとわかると思いますが、返済はせずにその資金を運用したほうが圧倒的にお得です。

年利1・5％で借りていて、利回り5％の債券で運用すれば、差し引き3・5％の利益を毎年得ることが可能となります。

銀行借入をするリスクのひとつに金利の上昇リスクが挙げられます。

日本は簡単に金利が上がらないという状況は周知ですが、金利上昇による支払い利息の上昇リスクはゼロではありません。

しかし、金利が上昇するのは、基本的には景気が良くてインフレが起こっているからです。そのため、金利上昇時は物件価格も同時に上昇しているのが一般的です。**インフレになれば賃料も増えるはずなので、増えた支払い利息を返済することも可能になると予想できます。また、物件価格が上昇していれば売却して値上がり益を得ることができる可能性だってあります。**

また、金利上昇のリスクヘッジとして、**家賃収入で得たキャッシュフローは外貨建ての資産にしておく**こともおすすめします。インフレになったとき円安になることが予想されますので、価値が上昇した外貨資産を売却して借入を返済することも可能になるでしょう。

借入は確かにリスクもありますが、さまざまな方法でリスクヘッジも可能です。借入は悪とはなから否定せず、自分が取ってよいリスクかどうかをしっかり考え、見極めましょう。

たった5つのポイントを押さえるだけで、ぐんぐん効率的になる!

コラム4

「海外不動産」という選択肢

もしも資金に余裕があるのであれば、海外不動産も選択肢の一つに入れてもよいでしょう。

どれくらい資産に余裕があればいいかというと、少なくとも保有純資産が1億円以上ある方であれば取り組んでもよいと思います。そういう方が全資産の1割ぐらい、つまり純資産1億円持たれている方であれば1000万円程度を投資するのが許容範囲と考えてください。

これまでご説明してきたように、基本は国内不動産の運用で十分かと思いますが、「資産が億単位まで増えてきたら、海外不動産というステップもあるんだ」くらいの感覚で見ていただければよいと思います。

先進国だとアメリカ、イギリス、オーストラリア、カナダ、シンガポール、香港。

新興国だとタイ、ベトナム、フィリピン、マレーシア、カンボジア、スリランカ、マニアックなところだとラオスとかウクライナなどが候補に挙がってくると思います。

日本の業者は現地の不動産会社とやりとりを行い日本人にアテンド（現地案内）しており、手続きも全部日本で終わらせることができます。ただやはり納得感を持って投資するためには実際に現地に行き、その国の経済力や物件の魅力を肌で感じて投資することが大事でしょう。

購入時のポイントとなるのは、**その物件が「現地に住んでいる人たちが買える価格水準か」**です。現地の方が買える水準の値段であれば、流動性がそれなりに高いといえ、外国人しか買えないレベルだと、景気が冷え込んだときに売れなくなるリスクが高まるということができます。

国内不動産は相続税対策、海外の先進国の不動産は所得税対策と用途を使い分けることが可能なので、所得が多く資産に余裕のある方は検討の価値はあるでしょう。

＊2020年の税制改正で海外不動産の所得税対策に制限がかけられたため、注意が必要

60歳

債券投資をメインに。これで老後生活もハッピーライフ

職業 無職／家族 妻・長男（独立）・長女（独立）
年収 800万円（運用収入：800万円）／支出 400万円

資産合計		金融資産		実物資産	
総資産	2億4000万円	合　計	8500万円	合　計	1億5500万円
借　入	3500万円	現預金	500万円	投資用マンション（5戸）	1億円
純資産	2億500万円	株　式	1000万円	自宅マンション	5500万円
		債　券	7000万円		

ついに定年退職だ。退職金はすべて債券で運用して、まったりとお金を増やしていこう。純資産は2億500万円。これだけあれば悠々自適な生活どころか、年に数回は夫婦で海外旅行を満喫できる。子どもたちも独立したし、生前贈与についても考えておこうかな。

第6章

信頼できるアドバイザーをどう見つけるのか

～まずは独立系の資産コンサルティング会社に相談～

1 銀行や証券会社のアドバイスはなぜ破綻しているのか？

効果的な資産運用を行うためには、まず自分にはどういった資産配分が最適かを見極める必要があります。皆さんの最も身近にある資産運用のアドバイザーである銀行や証券会社では、そういった資産配分の提案をするどころか、金融機関が売りたい商品を必ずすすめてきます。

それは一言で表現すると、**お客様の利益より株主の利益を優先しているから**です。

銀行も証券会社も上場している大企業です。株主がたくさんおり、その株主に任命された人たちが銀行や証券会社の役員です。そして、株主の関心事は株価です。株価は会社の業績。つまり、どれくらい利益を上げているかで決まります。利益が上がらなければ業績が悪くなり、株価は下がる。怒った株主は当然、役員に退任を迫るでしょう。だから上場会社は利益を上げ続けなければなりません。

利益を上げ続けるために、金融機関の役員は大きな業績目標を掲げ、何の商品でいくら売上と利益を上げるかの計画を立てます。それを全国の支店に配分し、次は支店長が各課に配分、次は課長が各担当者に「投資信託Aを5000万円、仕組債Bを5000万円」とノルマを課します。

ノルマが課されたら、あとは担当者がそれを売るだけです。顧客のニーズは関係ありません。多少は考えるのでしょうが、ノルマが課されている商品を基本はすすめます。ノルマがどれくらいのものかというと、顧客のニーズ等ということを考える余裕も時間もないくらい過大なノルマを課されます。

これは担当者が悪いのではありません。なかには本当にお客様のために提案したいという担当者もいるでしょう。しかし上場している大企業は構造的に顧客ニーズをくみ取った長期的な提案ができない仕組みになっているのです。

顧客本位の提案はされないことを肝に銘じよう

2 顧客の資産が偏る原因はアドバイザーにある

証券会社に「1億円キャッシュがあるんだけど、どうしたらいい？」と聞いたら必ず「株にしましょう」という言葉が返ってきます。同様に、不動産会社なら「不動産にしましょう」と。証券会社が「相続対策も必要なので不動産にしましょう」、不動産会社が「不動産はすでにたくさん持っているので、株にしましょう」とは100％言いません。

これは当たり前のことのように聞こえますが、意外と大事なことです。

私は15年間、富裕層のお客様の資産管理をしてきましたが、初めて拝見するお客様の資産配分は驚くほどに偏っています。なぜかというと**特定の資産を扱うアドバイザーばかりに相談しているために、その資産クラスばかり増えてしまっているのです。**

資産の配分（アセットロケーション）が資産運用の結果の大部分を決めるといわれてい

ます。なのに、この全体の配分をなんとなく考えているために資産配分が偏るのです。

私はよく**「資産配分を考えずに投資先を決めることは何の料理を作るか決めずに食材を買うのと同じ」**とお客様に伝えています。

証券会社にしてもいい質問は、全体の資産配分を考えたうえで**「1000万円を先進国の株式で運用したいんだけど、良い商品はないか？」**です。オーケストラでいうと証券会社や不動産会社は指揮者にはなり得ないので、その得意分野の資産クラスで活躍してもらいましょう。

また、あまりに転勤が多い銀行や証券会社も要注意です。数年で転勤することがわかっていたら、その担当者は本当にそのお客様のお金を責任をもって預かることができるでしょうか。自分が数年で転勤することがわかっていたら、担当者は「自分の人生をかけて、お客様の子どもや孫の代まで面倒を見るんだ」などと思えないのは当たり前です。

話を聞く前に、「どの分野のプロなのか」をきっちりと理解しておこう

3 独立系の資産運用コンサルティング会社がよい理由

銀行や証券会社でアドバイスを求めてもダメとなると、どこに相談に行けばよいでしょうか。

あなたがもし長期的で客観的な視点で資産運用について話を聞きたいのであれば、独立系の資産運用コンサルティング会社に足を運んでみましょう。

もちろん資産運用コンサルティング会社もピンからキリまでありますので、どこでもいいというわけではありません。自分に合ったアドバイザーがいる会社を見つけ出すことが大切です。

信頼のできるアドバイザーを見つけるのは容易ではありませんが、少なくとも自分の資産状況をしっかり把握していないうちから「この商品を買いましょう」などという短期的な提案をしてくる人はダメでしょう。

アドバイザー選び、３つのポイント

自分の現状の分析と今後の目標などを設定、共有してくれて、全体的に資産配分をどうしたらいいのか、そして最終的にどうなって、お子様へどのように資産承継していくのか……、そこまでをしっかりと提案、実行してくれるアドバイザーを探してください。

具体的に独立系のアドバイザーというと、**最近ではＩＦＡやＦＰという資産運用コンサルティングの会社や個人がいます。**能力も考え方も個人や会社により玉石混合ですが、何人かと会ってみて自分のことをしっかり考えてくれそうな方を選び長期的にお付き合いをしていただくのが良いと思います。

あとは**資産運用だけではなく、相続や資産承継対策にも詳しいアドバイザーを選び**

ましょう。資産形成がうまくいき資産家になったとしたら、最終的には相続のアドバイスが必要になるからです。

50代以上であれば最初からどのお子様にどの資産を残していくのかを、ある程度、想定して資産配分も決定していくべきです。相続は資産アドバイスに必須の能力と言えるでしょう。

そして**もう一つ大事なのは、そのアドバイザー経歴です。**経歴は嘘をつきません。そのアドバイザーが過去にどういった会社で、どういったお客様に対しどういった提案を行い、どういった想いで、転職し、独立したのか、経歴を知ることでその方の能力やできることできないこと、今の仕事にどのような気持ちで取り組んでいるかという想いを知ることができます。放つ言葉とともに経歴もしっかり確認しましょう。

最後に、これは私が仕事をする相手や投資先を選ぶ基準でもあります。それは、その人が**「その資産運用の仕事を職業と考えておらず、生き方そのものだと考えられているかどうか」**です。

株でも不動産でも何でもいいのですが、その人が本当に腹の底からそれが良いと思っていて、「毎日そのことしか考えていないんだろうな」と思える人と私は仕事をしたいし、そういう方から何かを買いたいと思います。

私のところにもいろいろな投資商品をすすめにくる方がいます。先日はフィリピンで都市開発計画がある土地を購入し、数年から10年後くらいに開発計画が進んだ段階で、不動産開発会社に売却するという投資スキームのお話でした。これは世間的には「ランドバンキング」と呼ばれる投資手法です。

フィリピンという新興国で、しかも今は何の建物もないただのまっさらな土地です。いかにも投資リスクが高そうな案件です。しかし私は話を聞いて10分で投資することを決めました。その提案をしてくれた人をもともと知っていたこともありますが、その案件にかける情熱や本気度を感じたからです。

月の半分はフィリピンに行って、物件の精査、現地の会社や弁護士とのやりとり、お客様のアテンド、かなり大変そうです。仕事を生き方としてとらえていなければ、できないことでしょう。私が投資したいと思うのは証券会社の担当者が上司から言われて持ってくるIPOではなく、このようにその人が人生をかけて成し遂げようと思っている、魂の宿った投資案件です。

アドバイザー探しも同じことが言えます。そのアドバイザーが本当に人生をかけてお客様の資産を守ろうと考えているのか。そしてその言葉に行動が伴っているか。しっかりと見極めて、良いアドバイザーを見つけられることを祈念しております。

独立系の資産運用コンサルティング会社の実際

ここで恐縮ですが、独立系資産運用コンサルティング会社がよいとする事例として、私が経営している、株式会社ウェルス・パートナーについて紹介させていただきます。

ウェルス・パートナーは富裕層の資産配分と資産運用設計の最適化をミッションとした会社です。資産配分は株式、債券、不動産、その他の資産をそれぞれの何％ずつ保有するのがその方にとって最適な配分かを分析し、提案します。

資産運用設計とは最終的な相続や資産承継を見据えたときに個人で運用するか、資産管理会社か、経営者なら事業会社なのか、そもそも日本でなく海外なのか、またどのように銀行から資金調達するかなどを最適化することです。

資産配分（アセットロケーション）**が資産運用の結果の9割を決めるといわれています。**

私もそう信じており、トヨタか日産かを考えるのではなく、もっと本質的な資産配分を真剣に考える会社を作りたく、私はウェルス・パートナーを創業しました。

前述の通り、私も大手の上場した金融機関に在籍していたとき、お客様と本当に長期的な付き合いをしたいのだけど会社が許さない、また不動産も提案したいが金融機関は規制が厳しく提案できないなどのジレンマを感じていました。

本当に世代を超えるくらい長期的にお客様とお付き合いができ、証券だけでなく不動産などの実物資産を含めた「全体最適」ができるのは、独立系の資産運用コンサルティング会社だという「確信」がありました。

こうして同社を経営して4年目になりますが、独立してからのお客様との関係を踏まえて、独立した形でないとお客様と本当に長期的な関係は築けないということが確信から「確証」に変わりました。

最初は私と一人の社員で始めた会社ですが、今は私のように外資系のプライベートバンクで活躍していた元バンカーや日本の証券会社、不動産会社で富裕層向けに営業をしていた多くのアドバイザーが在籍して、お客様に資産配分の提案をしています。

私が前職で働いていたスイスのプライベートバンクも含めて、多くのプライベートバンクは当初、富裕層の一人のオーナー創業者が自分の資産運用を兼ねて、自分の友人や周辺の富裕層の資産運用をする目的で設立されました。

オーナー創業者がその理念のもとに経営をするからこそ、プライベートバンクはお客様の資産を世代を超えて守って、こられたのです。

しかし、多くのプライベートバンクは長い年月が経ち、オーナー創業者はいなくなり、上場し多くの株主の会社となってしまっています。

また、不祥事があった日本郵政やスルガ銀行のように**組織の雰囲気やノルマが担当者のモラルを破壊することにつながり、それがお客様への提案をゆがめている原因になっている**と私は考えています。

当社の営業にはノルマはなく、営業が無理をせず、お客様にとって本当に長期的な提案ができる体制を整えています。

この話をすると他の資産運用会社の経営者から「営業のノルマがなくて、会社の経営は大丈夫なのか？」と聞かれます。私は、営業に厳しいノルマを課さないと、売上が上がらない会社はそもそも世の中に必要がない会社だと思います。本当にお客様に良い提案をしていれば、自然に売上は上がるのです。

手前味噌な話ばかりして恐縮ですが、今回、本書を出版しようと思ったきっかけはこういった本を読んで少しでも日本人の投資が増え、そして資産運用のアドバイスをする会社が少しでもお客様に寄り添い、適切な提案をするきっかけになってくれればと願っているからです。

資産全体のことを相談するなら独立系の資産運用コンサルティング会社で

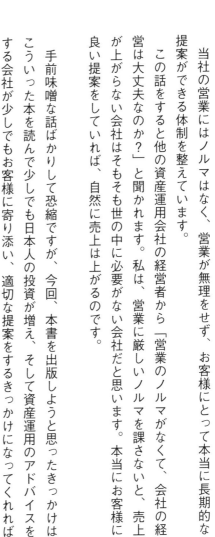

おわりに

さいごに、私自身の投資遍歴についてお話ししたいと思います。資産形成におけるひとつのモデルケースとして見ていただければ幸いです。

投資先は左の通りになります。

・金融資産
日本株、外国債券、インデックスファンド（外国株式）、ベンチャーキャピタル（日本）、ヘッジファンド（スイス）等

・実物資産
国内不動産（区分マンション）、新興国不動産（フィリピン）、絵画（ミャンマー）、現物ワイン等

金融資産に関してはこの本でもご紹介したようなインデックスファンド、外国債券

を中心に保有しています。一部、未上場のスタートアップ企業に投資するベンチャーキャピタルファンドにも投資していますね。

　実物資産で少し変わったところだとミャンマーでいちばん有名といわれるアーティストの絵画を投資対象として保有しています。

　ミャンマーは社会主義から解放されたばかりで経済成長は間違いないといわれている国。ただ、まだまだ新興国ですので、著名なアーティストの絵画でも数百万円ぐらいで買えるのです。これが欧州だと何十億円です。ベトナムやタイでもトップアーティストの絵画は数千万円から数億円で取引されていて、間違いなく上がっていくと考えられます。なおかつそのアーティストの方の年齢が80歳代後半なので、もう絵が描けず供給が増えることがなく、上昇する条件が整っています。

　私は**「投資は再現性」**だと思っており、新興国アートは再現性の高い投資だと考えています。今後も良い作品があったら買っていきたいと思います。

　私が投資に興味を持ったのはお客様からの影響です。もともと新卒で証券会社に入社したものの、最初はそこまで投資に興味があったわけではありませんでした。

ただ、入社したのが２００５年で、ちょうど日本でもインターネット企業の設立が盛んになった時期。ライブドアやミクシィなど新しい会社がどんどん頭角を現してきた頃でした。

ありがたいことに、そういう上場企業の創業者や役員と接点を持たせていただける環境にあり、上場により大きなキャピタルゲイン（値上がり益）を得て、数億円から数十億円の資産を形成した方々を眼の前にして、**「投資したりリスクを取らないと資産は増えない」**ということを実感しました。

また前職の外資系の証券会社にいたとき、収入は高かったのですが、所得税率が高すぎて、社会保険料を入れると半分程度しか手元に残らず、これはどれだけ頑張って働いても運用しなければ本当に資産は増えないな、と日々、感じていました。

所得税と住民税は最高で55％ですが、株などの運用益の税率は20％なので、税務効率は投資のほうが良いのです。

そんなあるとき、お客様の一人から「ベンチャーキャピタルに投資するんだけど一緒にどう？」と誘いを受けました。スタートアップ投資（できたばかりの会社への投資）には興味があったのですが、どうスタートアップ企業にアプローチすればいいのかわからなかったので、渡りに船だと思ったのです。

リスクが高い投資ということは承知していたので損してもしようがないと思っていたのですが、そのファンドは最近上場した、誰もが知っている有名なスタートアップ企業に投資しており、大きなキャピタルゲインを得ることができました。

もちろん利益を得たことも大きいですが、同時に**自分がファンドを通して投資したお金が会社の資金となり「会社の成長に貢献した」という感覚がとてもうれしかったことを今でも覚えています。**

失敗した投資もたくさんあります。でも、それを上回る楽しさや、経験を得ることができ、投資したことを後悔はしていません。

日本では、「投資は怖い」と思って、食わず嫌いのような状態になっている人がたくさんいます。そうした人たちに、私の経験を通じて同じような感覚を味わってもらいたい。

しかし、世界的にも、日本は投資家が極端に少ないというのが現状です。

投資家が少ないというのは日本における重大な懸念材料です。圧倒的に預金残高が多く、世の中にお金が出回っていない。

日本の時価総額ランキングを見ても、20年前からほとんど国内ランキングは変わっていない。この新陳代謝のなさは、(言葉は悪いのですが)正直、かなりやばいと思います。

そして世界の時価総額ランキングでは30年前は日本企業が上位50位までの6割以上を占めていましたが、現在では最上位のトヨタ自動車ですら43位です。この30年間で世界の成長においていかれているのです。

投資家がもっと増えて、株に投資する人が増えれば、もっとベンチャー企業にもお金が回るはずです。だけど日本はリスクマネー(高いリスクを取りながらも、高いリターンを求める投資に投入される資金)が少なく、そこまでお金が回っていない。

例えば日本のベンチャー企業の、ベンチャーキャピタルファンドからの1年間の調達資金というのは2000億円程度ですが、アメリカは9兆5000億円、中国は3兆3000億円です。**日本はアメリカの約50分の1程度しかないのです。**

最近ではアメリカのウーバーなどに代表されるメガベンチャーだと、時価総額は数兆円で上場してきます。

未上場だけど1000億以上の時価総額（バリエーション）がついている会社をユニコーン企業といいますが、日本ではユニコーン企業の数が圧倒的に少なく、メルカリが上場したので今のところ6社しかありません。

アメリカではユニコーンが潜在的に90社近くあって、中国でも70社。ベンチャー企業が育たない土壌にあるということは非常に危惧すべき事態です。

なぜユニコーン企業が増えないかというと、グローバル展開が遅いという点もありますが、**日本では資金がつかないという点が大きいと考えています。引いてはリスクマネーを供給する投資家が少ないからに他なりません。**

アメリカではエンジェル投資家（創業間もない企業に、資金を提供する個人投資家）がたくさんいます。誰がエンジェル投資家になるかというと、上場したベンチャー企業の社員なんです。一般社員でもストックオプションを持っていて、株を売ると数億円から数十億円になることも多い。そしてストックオプションで利益を得た社員はベンチャー投資が儲かることを知っているので、またベンチャー企業やベンチャーキャピタルファンドに投資するんですね。

この好循環を日本でも作れるように変えていかなければならないのです。

「投資は悪」だと思い込んでしまっているすべての日本人に、こうした思いを伝えていきたい。そして、皆さんが投資によって何不自由のない安心した生活を送れること、皆さんの資産形成や人生がうまくいくことを心から祈っております。

私としてはこの本を通して、一人でも多くの方の資産が少しでも増え、投資家が増えてくれたら何よりうれしく思います。

2020年3月

世古口　俊介

巻末資料

後悔しない！
資産配分・資産運用設計のコツ

これまで投資に対する基本的な事柄を紹介してきました。
最後に肝となる「資産配分最適」「資産運用設計」に対する
考え方、資産配分シートを活用したスキルを解説します。

資産配分を最適化するための鉄則8箇条

第2章で「運用する株式を選ぶ際は個別株式の動向について考える必要はない」と説明しました。個別の株式にオールインしてその値動きに一喜一憂するのではなく、資産全体のなかで日本株式を何%保有し、先進国株式を何%、先進国債券を何%……。そのポートフォリオが投資目的、現在の経済条件に適しているかどうかが重要です。

多くの方は、円の預金ばかりだとか、株式しか持っていない、反対に不動産しか持っていないとか、資産の配分が偏っています。理屈上は分散投資を行うほうが安定的に資産を成長させることができます。**いわゆる、「一つのカゴに盛るな」と言われるも**

のです。

繰り返しになりますが、**資産配分を考えずに投資することは、何を作るか決めずに料理の材料を買うようなもの**と心得てください。

では最適な資産配分とはどういった配分なのでしょうか。すべての人に適した資産配分というものは存在しません。

当社では資産配分を決定する8つの要素を設定しています。**「投資目的」「年齢」「目標リターン」「資産背景」「リスク許容度」「経済条件」「ライフプラン」「資産承継」です。**この8要素をお客様としっかり話し合ったうえで、最適な資産配分を考えていかなければなりません。

ここが最も重要なことなので、一つずつ説明していきます。

内容的には少々難解な部分もありますが、何度も読み返せば必ず理解することができると思います。

本書を金融リテラシーを身に付けるための教科書として、そしてここまでの復習がてら、本書で紹介しているハイブリッド投資を行うためのよきパートナーとして、この巻末資料を利用していただけると幸いです。

1箇条 投資目的を明確にする

「将来のために資産形成を行っています」という方のなかにも、意外と自分の投資目的と資産配分や投資先が合致していないというケースが散見されます。

老後の生活資金を形成するためなのか、お子様の大学の費用を積み立てるためか、キャッシュフローがほしいのか、はたまたキャピタルゲインがほしいのか……など、目的に合った資産形成を行わなければ、その目的を達成できる可能性は著しく下がります。

まずは自分の投資目的を書き出し、文章にしてみましょう。その目的に今の資産状況が合っているかどうか確認してみて、それでもわからなければアドバイザーに相談してみてください。

2箇条 若いときは株式、引退したら債券

年齢の観点からも、最適な資産配分でなくてはなりません。

「証券会社に提案されたから」と70代でも株式だけで運用している方もいらっしゃいますが、それは年齢の観点からは間違った投資といえるでしょう。

簡単にいうと、金融資産においては**若いときは株式で、現役を引退したら債券で運用するべきです**。株式は収益性は高いのですが、値下がりするリスクも高く、引退した方の虎の子の資金を運用するのには向いていません。

一方で、若い方であれば仮に損失を出してもリカバリーする期間があるから積極的にチャレンジしていきましょう。

一方で債券は安定的に年間数%の利回りを実現することができるので、引退した方

が失うことができない資金を運用するのに向いています。

ただこれから資産を成長させたい若者にとっては物足りない資産クラスでしょう。

年代ごとに金融資産の配分を考えると、20代は100％株式でいいと思います。30代は株式75％と債券25％、40代は株式50％と債券50％、50代は株式25％と債券75％、60代は債券100％と、30代から50代は株式と債券とのグラデーションにするのがいいでしょう。

他にも資産配分を決定する要素があるのでこの限りではありませんが、年齢という観点からはこのような考え方で間違いないと思います。

「若いときは100％株式で徐々に債券を織り交ぜてグラデーションにして、最終的には引退に向けて100％債券」。

この一文だけはしっかりと覚えておきましょう。

3箇条

目標リターンに適した資産配分にする

「年間5％のリターンを目指しています」と言いながら株式ばかり保有し、「年間10％のリターンを目指しています」と言いながら債券や国内不動産ばかり保有している……。

このように、目標としているリターンと実際のリターンとが合致していないケースも散見されます。

自分の目標に合った資産配分とするために、まずは各資産の目標リターンを知る必要があります。

どこからどこの期間をとるかにもよりますが、過去のトラックレコードから各資産の期待リターン（期待できる年間の利回り）は計測されます。

ざっくりですが、**外国債券は5％、米国株式は7％、新興国株式は9％くらい**になります。

自分が何年後にどれくらいの資産を形成したいのかによって目標リターンは変わりますので、まずは自分が最終的にどれくらいの資産を築きたいかという目標を設定し、そのうえで外国債券、米国株式、新興国株式、どの資産クラスを増やして減らすかを検討しましょう。

この期待リターンは当然リスクとのトレードオフの関係にあります。

期待リターンが高ければリスクも高くなります。それも理解したうえで配分を考えることが重要です。

リターンはほしいけど、リスクは一切取りたくない……なんて甘い考えは捨てましょう。

多少のリスクは取らなければ、何事も成し遂げることはできません。

4箇条 資産背景から自分に必要な資産を考える

その方の資産背景や収入によって必要な資産、必要でない資産が存在します。

例えば、保有資産が数千万円でそこまで収入が高くない方には、海外の不動産に投資する必要はあまりありません。しかし、保有資産が数億円と、収入が高い方にとってはメリットがある資産だと思います。

また、もし10億円を保有している方が、その資産を2倍にするためにどんどん株式に投資する必要はあるでしょうか？　債券で5％で運用して、毎年5000万円を得れれば十分と考える方が多いと思います。

逆にいえば、保有資産が数千万円の方がすべて債券で投資を行い、たった年5％の運用でもよいのでしょうか。株式に投資してもっと資産を拡大してから、債券に投資してもいいのではないでしょうか。

資産背景や収入からも、資産配分を考える必要があります。

5箇条 自分のリスク許容度を超えていないか

自分のリスク許容度を超えた資産に投資してはいけません。

リスク許容度とは簡単にいうと、仮に投資した資産が下落したときに怖くなって売却してしまうかどうかが基準です。下落して売却してしまうのは自分のリスク許容度を超えていたということになります。

では、リスク許容度を超えている資産かどうかはどのように判断すればいいのでしょうか。

いちばん、てっとり早いのは、過去の各資産クラスの年ごとのパフォーマンスを確認することです。

資産クラスごとに値動きはまったく異なります。

２００８年のリーマンショックのとき、新興国株式は50％下落していますが、２０１４年はコモディティ・原油が30％下落しています。

この年ごとのパフォーマンスを見れば各資産クラスがどれくらいの値動きがあるかがわかりますので、**仮にその程度の下落があっても動じることなく保有していられる資産を選んで投資することが重要です。**

また、こうした情報がしっかり耳に届く環境を確保することも大切なことだと考えています。

6箇条 景気が良いときは株式、悪いときは債券

資産配分を決める要素の一つとして経済条件があります。

基本的な配分はそれ以外の要素である年齢や投資目的によって決めるべきです。し

かしそのときどきの経済状況によって資産配分にバイアスをかけるイメージになります。

では経済状況によってどのように資産配分を変えればいいのでしょうか。

基本的には、**景気がこれから良くなるのであれば株式や不動産を増やす。景気が悪くなることが予想されるのであれば債券やキャッシュ**（現預金）**の配分を増やすべきです。**

なぜなら、株式は景気が良ければ企業が儲かり株価も上昇するから。不動産も景気が良ければ賃料が上昇し、ひいては不動産価格も上昇するからです。

無論、景気が悪ければそれは逆に動きます。

債券は景気が良いと下がる傾向にありますが、悪いときは安全資産として買われ、上昇する傾向にあります。

景気動向を読み、株、債券、不動産、現預金の何を増やすかを考えましょう。

では、2020年の現在はどういった経済状況なのでしょうか。

リーマンショック以降、最長の経済成長が続き、そろそろ景気はピークアウトするといった意見や、景気後退するのではないかと予想されており、景気指標もそういった景気後退を示している状況です。

こういったときに株式や不動産にオールインするのは危険と考えなければなりません。安全資産の債券や現預金のポジションを増やすべきです。


私も現在は全体的に株式より債券の配分を増やす提案をしています。

先ほど、50代の方は株式25%、債券75%といいましたが、この配分を株式35%、債券65%と債券を少し多くして調整するイメージです。

例外として、積立投資に関してはこの経済条件を考慮する必要はありません。

なぜなら100%株式に投資していても投資のタイミングを毎月、毎日分散しているので十分にリスク分散されているからです。

7箇条

資産配分はライフプランに合わせる

自分自身のライフプランのシミュレーションに資産配分が合っているのかも確認してみましょう。

「3年後に車を購入する」「5年後に自宅を購入する」「10年後に子どもが大学に入学する」。こういったライフプランに基づく支出予定に合わせて資産配分を構成するべきです。

これは言い換えると、**支出予定に合わせて、流動性を確保しておく必要がある**ということです。

例えば、3年後に自宅を購入するためにまとまった頭金の支出が必要なのに、流動性が低い不動産ばかり持っていてはいけませんし、一方で下落する可能性がある株式ばかりでもいけません。

まずは自分の現在のライフプランを書き出して確認してみましょう。

8箇条　資産承継まで考えて配分を決める

お子様への資産承継まで考えて資産配分を決めるべきです。

なぜなら、その資産配分によっては相続税が多額にかかり、納税資金が不足してしまうケースや遺族間で相続争いに発展するケースが本当に多いからです。

これはいわゆる**「相続対策」**にもつながっています。

私のお客様で旦那様はすでに亡くなられていてお子様が3名いる80代前半の方がいました。

その方の資産配分は現預金1000万円、自宅5000万円、国内の一棟アパート1億円、アメリカ戸建不動産3000万円と合計保有資産1億9000万円の方でした。

最初に断言しますが、この方は相続のときに間違いなく困ることになります。

では、この方の資産配分は何が問題なのでしょう？　考えてみてください。

この方の保有資産であれば3000万円程度（不動産の相続税評価減は考慮しない）は相続税が必要になると思います。ただ現預金は1000万円しかないので、まず納税資金が不足します。

そして一棟アパートに資産配分が偏りすぎていて相続が起こると、このアパートを遺族である3名のお子様が共有することになります。**不動産においてはこの共有がいちばん避けなければならない状態です。**

不動産の共有がなぜ良くないのか。

一人で所有している場合と異なり、共有していると一人の判断で売却できないからです。兄弟といえども仲が悪くなるときもあります。またその兄弟が亡くなると、血のつながりがない奥様やその奥様が相続することになり、さらに売却の意向を統一できなくなる可能性が高まります。

この相続税と相続争いの問題を解決するために、資産配分を整える必要があります。

この方の場合は一棟アパートを売却し、流動性の高い現預金や債券、区分マンションに資産の再配分を行い相続に耐えうる資産配分を構築させていただきました。

ここで、資産配分を間違ってしまったことによって実際に大きな損失を抱えてしまった私のお客様の例をご紹介いたします。

資産配分の失敗例に学ぶ

その方は、とある上場会社の創業メンバーで40代。同社株式を2億円程度保有していました。

2000万円の現預金は残したまま、この2億円の自社株式を担保に金融機関から5000万円を借り入れて日本のベンチャー企業に投資を行っていらっしゃいました。

私としては、日本株式に偏ったポートフォリオの見直し、株式以外の債券や外貨、不動産への資産分散を提案していましたが、ご本人は「日本株、とくにベンチャー企業投資」が好きだと聞いてもらえませんでした。

しかし、案の定2006年のライブドアショック、2008年のリーマンショックで株式市場、とくに新興企業の株式は軒並み暴落することになったのです。

お客様の保有していた上場株式も2億円から5000万円にまで価値が下落したため、借入の担保価値を保てなくなり、追証という追加の担保提供が必要となってしまいました。

5000万円の追証が必要でしたが、保有する現預金は2000万円。投資する3000万円の未上場株には流動性などなく、追証が3000万円足りないという状況に陥ってしまったのです。

結局、担保としていた自社の上場株式を売却するしかなく、そちらの株式も流動性が低くなっていたため、自身の売却によって株価を下げてしまい、4000万円程度でしか売却することはできませんでした。

返済後は現預金は1000万円しか残らず、総資産も2億2000万円から1000万円にまで減少してしまったのです。


私の力不足で資産配分の重要性や過度なリスクテイクの抑制の意義について理解してもらえなかったことは悔やんでも悔やみきれません。

しかし、こうしたケースは上場会社の創業者や創業期、初期メンバーなどに非常に多い事例です。取締役だと株主の目があり売却しづらく、インサイダー情報（発表されると株価が動くような会社にとって重要な情報）があれば売却できない。こういった売却できない構造的な問題もありますが、資産配分の観点からは、株式以外の資産に分散すべきだということをしっかりと伝えていきたいと思います。

資産運用設計をしっかりと考える

資産配分と同じくらい重要な論点に**資産運用設計の最適化**があります。

資産運用設計の最適化とは、最終的な相続や資産承継まで考えたときに、「個人で運用するのか、資産管理会社がいいのか、会社オーナーなら事業会社がいいのか、また本人名義がいいか、お子様名義がいいのか」「不動産に投資する場合に資金調達はどのようにすればいいのか、またそもそも日本で運用するのがいいか、海外のほうがいいのか」「最終的にどの資産をどのお子様に承継するか、遺言を活用するかどうか」など……。

さまざまな観点で、どうすればもっとも円滑に資産承継ができるかを最適化することです。

この資産運用設計はあまり知られていませんが、**資産形成や資産承継において重要な論点で、私は資産配分と同じくらい大事だと考えています。**

具体的な例をあげると、数億円程度の保有資産がある方は必ずといっていいほど資産管理会社を設立し、この資産管理会社で資産運用を行います。

資産管理会社で運用を行うことで、運用で発生する収入を個人で受け取るよりも、税務効率が良いからです。

ただ、資産運用の税金は個人は20%。法人の税金は経費控除後に法人所得８００万円を超えた利益に対しては実効税率30%強となりますので、法人に利益を出し過ぎるよりは個人に残したほうが良いということになります。

この個人で運用するか、資産管理会社で運用するかという問題だけで私はお客様と

2時間以上、議論をすることもあります。それくらい重要な論点だからです。

そして、この資産管理会社を活用して、株式の贈与を行うことでお子様に資産を円滑に承継することも可能です。**資産運用設計の最適化はすべて資産承継に通じています。**

この資産運用設計は論点があまりにも多すぎ、かつ資産管理会社だけで本を1冊書けるくらいのボリュームになります。よって今回はそのすべてを書き記すことはどうしても難しいのです。

この点でお悩みの方は、当社のような資産運用設計の最適化を専門にしている会社や税理士、司法書士、弁護士など専門家に相談するべきだと思います。

かなり煩雑で、また専門的な知識が必要な分野にはなりますが、多少のお金を払ってでも専門家に相談する価値はあると言い切れるほど重要な論点だと私は考えています。

◉相続争いを避けるために遺言書を活用する

自分が亡くなったあとに家族間で揉め事が起こることほど悲しいことはありません。

しかし、この相続争いというのは自分が思っている以上に発生する可能性が高いと思ったほうがいいでしょう。そして一度、争いになってしまってからでは家族関係の修復は困難を極めます。

こうしたことが起こることを回避するのも資産運用設計の重要な役割です。

相続による争いは、不動産が圧倒的に多い。また会社のオーナー経営者の方ですと、自社株式について争いになりやすい。

前述しましたが、不動産は金融資産と異なり、簡単に分けることができず共有することによりデメリットが大きくなる資産です。

なぜなら、不動産は自分の持ち分だけ売るということが不可能だからです。だからこそ争いになりやすい。なおかつ日本人の保有資産に占める40％以上は不動産となっており、不動産の保有割合はとても高い。

また、会社経営者は資産の大半が自分の会社の株式となっており、この自社株を後継者に渡していかなければいけません。後継者になる方への、自社株の価値の割合が大きすぎるため、他の相続人と不公平感があり、争いになりやすいのです。

そのためにも、**不動産オーナーや会社オーナーは遺言を絶対に書いておいたほうがいいでしょう。**

しかし、なぜかそうした問題がそもそも議題に上がらない、圧倒的に多くの方が「なんとかなるだろう」などと安易に考えて遺言書を書いていないのが現状です。

自分が亡くなったあと、家族にどうあってもらいたいのか。今から想像力を働かせてしっかりと考えておくべきだと思います。

遺言には大きく分けて自分で書く「自筆証書遺言」と、公証役場で届け出る「公正証書遺言」の2つがあります。

自分で書いているケースだと、遺言の成立要件を満たしていなかったり、遺族が知らなくて見つからなかったりする紛失リスク、遺産分割協議が終わった後に発見されるだとか、後々問題が生じるケースが多発します。

その点、公証役場で届ける遺言だと公の遺言になりますので、そちらをおすすめしています。

しかし、公正証書遺言に対して、「すごく大変だ」「弁護士を雇ってやらなきゃいけない」などというイメージを持たれている方も多く、なかなか普及しなかったという背景もあります。

そこで最近、自分で書いた遺言（これを自筆証書遺言といいます）、それを法務局で保管してくれて、なおかつ成立要件を満たしているかを確認してくれるという制度も新しくできたので（※2020年7月からの新制度）、そちらを利用するのもアリでしょう。

また、遺言を書いたものの家族に言っていないというケースがかなり多いのです。亡くなってから遺言を見た家族が不満を感じるようなことがあれば、遺族間の不和につながりかねないので、きちんと説明する場を設けることが大切です。

あと遺言のなかには**「付言事項」**という遺言の内容とは関係なく、家族に自分の想いを伝えることができる箇所があります。

自分がどういう考えでこの資産を長男に承継し、この資産を長女に承継するのかという想いの部分を伝えるのが本当に大事だと考えています。

これがあるかないかで、遺言の内容を相続人が受け入れられるかが大きく変わってきますので、付言事項で自分の想いを伝えることを私はお客様にもおすすめしています。

相続争いや遺言について少し知っていただけたでしょうか。遺言は本当に重要ですので、弁護士を通してしっかり作成することをおすすめします。

資産配分のときと同様に、資産運用設計における失敗例も掲載しておきます。

資産運用設計の失敗例に学ぶ

70代で会社を売却し、総資産が4億円。
すべて現預金で持っていましたが、アメリカの不動産会社にすすめられるがまま1億5000万円をハワイのコンドミニアム、1億円をタイの新築区分マンションに個人で投資したという事例です。

この方は、その投資から1年後にお亡くなりになってしまい、遺族の方からご相談をいただきました。

その相談内容とは、ハワイとタイの不動産の所有権が相続人に移転できず、困っているとのこと。

ハワイやタイでは日本の相続と異なり、「プロベート」という手続きが必要になります。

相続人ではなく、被相続人（亡くなった方）に相続税の納税義務があるのですが、すでに亡くなっているため裁判所が遺産執行人を指名し、その執行人が被相続人の保有財産や債務等を詳細に調査し、相続税を納税、その後に相続人に遺産を配分するという流れを取ります。

この手続きに圧倒的な時間がかかり、すでにお亡くなりになってから2年が経っているにもかかわらず、相続人に所有権が移転していないというのです。

英語で裁判所や弁護士とのやりとりが必要であったり、現地に行かなければならなかったりとタスクが山積で、気づいたときには、それほど時間が経っていたとのこと。

また、時間だけでなく、弁護士費用がかなり嵩《かさ》んでおり、すでに1000万円程度はかかっているとのことでした。

さらに、日本だけでなく資産を保有しているハワイ（アメリカ）、タイで相続税の納税の必要があるのですが、ハワイとタイの物件が売却できないため、この納税資金の捻出にも苦労しました。

この事例では、当社が現地弁護士とのやりとりなどをお手伝いし、なんとかプロベートの完了から、物件の売却までこぎつけて事なきを得たのですが、絶対に生前に対策を取っておくべきだったと言い切れます。

プロベートは対策もいくつかあり、**法人所有や共有名義、トラスト**（信託）**設定、TODD**（受取人指定）などにより事態を回避することも十分可能でした。

不動産会社は物件を売りたいのでプロベートの説明なんて絶対にしません。ちょっと「共有名義にする方が多いですよ」というくらいです。

ただ事例のお客様は共有名義ですらなかったので、大変な目にあってしまいました。

海外資産への投資はメリットもありますが、リスクも伴います。自身の投資が間違っていないかを専門家に確認しながら最適な資産運用設計を構築していきましょう。

◉何が資産配分をゆがめているのか

こうした資産配分や資産運用設計のほころびはどこから生まれるのか。

私は、資産運用のアドバイスをする証券会社や不動産会社のアプローチや提案のレベルに原因があると思います。

日本郵政の不適切勧誘はただの犯罪なので問題外ですが、今だに、いちばん身近な資産運用の相談窓口である銀行や証券会社で「どこの会社が上場します」「新しいファンドが出ました」等、お客様のニーズとは関係ない、会社の事情で資産運用を提案しています。このことがお客様の資産配分をゆがめている、いちばんの原因と考えています。

そして会社の事情で金融商品を買わされたお客様が損をしたときは必ずこう言います。「二度と投資はしない」と。そして日本から投資家が消えていくのです。

私のお客様で80代の方がいて、相談された内容が「大手証券会社で投資信託の短期売買を提案されていてどうすればいいか、困っている」でした。この前、資産管理するラップ口座（証券会社に資産運用を任せる専用口座）で長期的に運用しようと言われたのにどういうことなのか理解できないと。こういった相談を受けると私は本当に悲しくなります。「しょうもない提案をいつまでやってんだよ」と。

資産配分をゆがめて、投資家を消していく、これが今の金融機関のやっていることです。

もう一つの原因は、お客様の資産配分や資産運用設計から考えて提案をしている会社が、あまりにも少なすぎること。世の中にはいくつかあるのでしょうが、私がこの業界で15年間、働いてきて出合ったことがないので、限りなく少ないのだと予想しています。

最近は当社のような独立系のアドバイザーも増えてきていると聞いています。もっと正しい提案をする会社やアドバイザーが増えてくれれば、少しでもお客様が幸せになり、投資家も増えるのではないかと思います。そうなることを資産運用の業界で働く一人の人間として切に願います。

資産一元管理のすすめ

最後になりますが、私が本書を通して、最も言いたかったことは**資産運用において、資産全体の配分がもっとも重要**ということです。

信頼できるアドバイザーがいる方は、その方に相談すればいいのですが、自分で資産管理をしたい方はどうすればいいでしょうか。

当社でお客様の保有資産を分析するのに使用している資産配分シートが200・201ページにありますので、参考にしてみてください。

左側が金融資産、右側が実物資産となっています。実際のお客様への提案ではもっと詳細に分析しますが、かなり煩雑になるのでご自身で管理する分にはこの程度の分析で大丈夫なのではないかと思います。

資産配分シートの使い方をもう少し詳しく説明します。

まず大事なのは金融資産と実物資産の比率。実物資産が多くなりすぎると流動性が低い資産が多くなっている状態になりますので、高齢者の方など相続が発生する可能性が高い方は注意しましょう。

資産配分シート例の方は50代後半のお客様ですが、金融資産と実物資産の割合がちょうど50%くらいとなっており、金融と実物のバランスは非常に良いといえます。

次に外貨の保有比率です。

配分シート例は50%程度になっておりますが、外貨の保有比率はとくに円高、円安の相場観がないようなら40%から60%にするべきだと思います。

自分の保有状況を書き出し、左のシートに転記しよう

金融資産

1　日本株式 2200 万円：インデックスファンド(日本株式型)
2　日本債券 3100 万円：円建て終身保険
3　先進国株式 2100 万円：インデックスファンド(先進国株式型)
5　先進国債券 1 億 2000 万円：米ドル建て個別債券(ハイブリッド証券)
6　新興国債券 2000 万円：メキシコペソ建て、トルコリラ建て個別債券
14 ヘッジファンド 5700 万円：アメリカのヘッジファンド

実物資産

7　国内不動産 1 億 1420 万円：自宅(都内タワーマンション)
7　国内不動産 6000 万円：賃貸物件 1LDK(都内タワーマンション)
7　国内不動産 5000 万円：賃貸物件 1LDK(都内タワーマンション)
7　国内不動産 9000 万円：賃貸物件 1R マンション 4 物件
8　海外不動産 2000 万円：アメリカテキサス木造戸建て物件
9　新興国不動産 1000 万円：カンボジア新築コンドミニアム

借　入

A　ローン 1 億 7530 万円：国内不動産担保ローン
B　ローン 1000 万円：アメリカ不動産担保ローン

資産配分シートを作成してみよう（例）

難しいかもしれないが、プロに相談しなくても
自分でやると思えばできる

	金融資産	金額（千円）	比率	実物資産	金額（千円）	比率
円資産	1 日本株式	22,000	3.4%	7 国内不動産	314,200	47.9%
	2 日本債券	31,000	4.7%	A（ローン）	175,300	26.7%
外貨資産	3 外国株式　先進国	21,000	3.2%	8 海外不動産　先進国	20,000	3.0%
	4　新興国	0	0.0%	9　新興国	10,000	1.5%
				B（ローン）	10,000	1.5%
	5 外国債券　先進国	120,000	18.3%	10 コモディティ　金	0	0.0%
	6　新興国	20,000	3.0%	11 コモディティ　その他	0	0.0%
その他の資産	12 日本 REIT	0	0.0%			
	13 外国 REIT	0	0.0%			
	14 ヘッジファンド	57,000	8.7%			
流動性資産	15 現金・預金（円）	41,000	6.2%			
	16 現金・預金（外貨）	0	0.0%			

	金額	比率
リスク資産合計	656,200	139.4%
金融資産比率	312,000	47.5%
実物資産比率	344,200	52.5%
外貨比率	248,000	50.5%
株式比率	43,000	13.8%
債券比率	171,000	54.8%

今後、円高にいくと見ているなら外貨比率を下げ、円安にいくと見ているなら外貨比率を上げればいいでしょう。

資産配分シートのお客様は今後、円安にいくか円高にいくかという相場観がとくになかったので、外貨比率はちょうど50％程度としております。

次に金融資産における株式と債券の比率です。

50代後半で、会社売却をして固定収入がなくなった方なので、年齢と状況を考慮して、債券が多い資産配分となっております。

これまでの役員報酬などフロー収入に代わり、国内不動産や債券からの定期収入（インカムゲイン）で今後の支出をまかなっていく計画です。

あとはリスク資産合計です。

総資産ともいえますが、その方が保有している資産全体の総額を指しています。

リスク資産合計の右側にある１３９％という数値はレバレッジ比率です。借入をしていない状況は100%となり、借入があると100%以上になるというわけです。

このレバレッジ比率は注意が必要です。年齢や収入、資産背景にもよりますが、200から300%程度にとどめるのが良いでしょう。

この数値が高すぎるということは過度にリスクテイクしているということになります。

不動産投資の借入の場合は徐々に借入が減っていくので、レバレッジ比率は少しずつ下がっていくことになります。

以上が簡単な資産配分シートを使用した資産分析となります。

ぜひ、自分の保有している資産を入力してみて、現在どういった状況なのかを棚卸してみてください。さらに詳細な分析や提案がほしい方は専門会社に提案をお願いしてもいいでしょう。

資産配分を決定する８要素

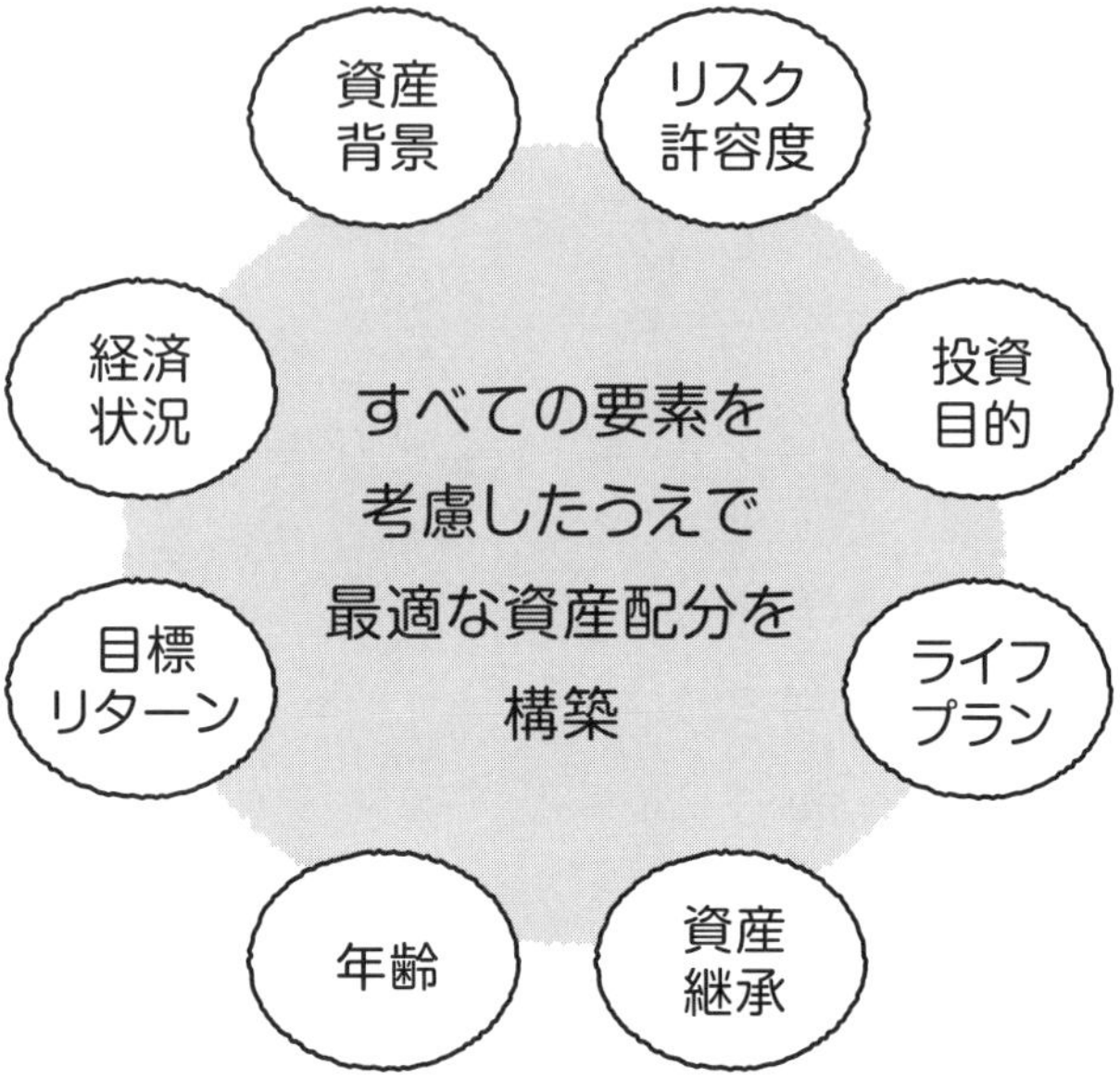

資産配分を決めるためには、
必ず8つすべての要素について
ひとつひとつ熟考を重ねてから行わなければなりません。
このなかのひとつでも欠けてしまうと、
どこかでほころびが生じ、
資産形成がうまく立ち行かなくなってしまいます。

最も重要なのは資産配分である

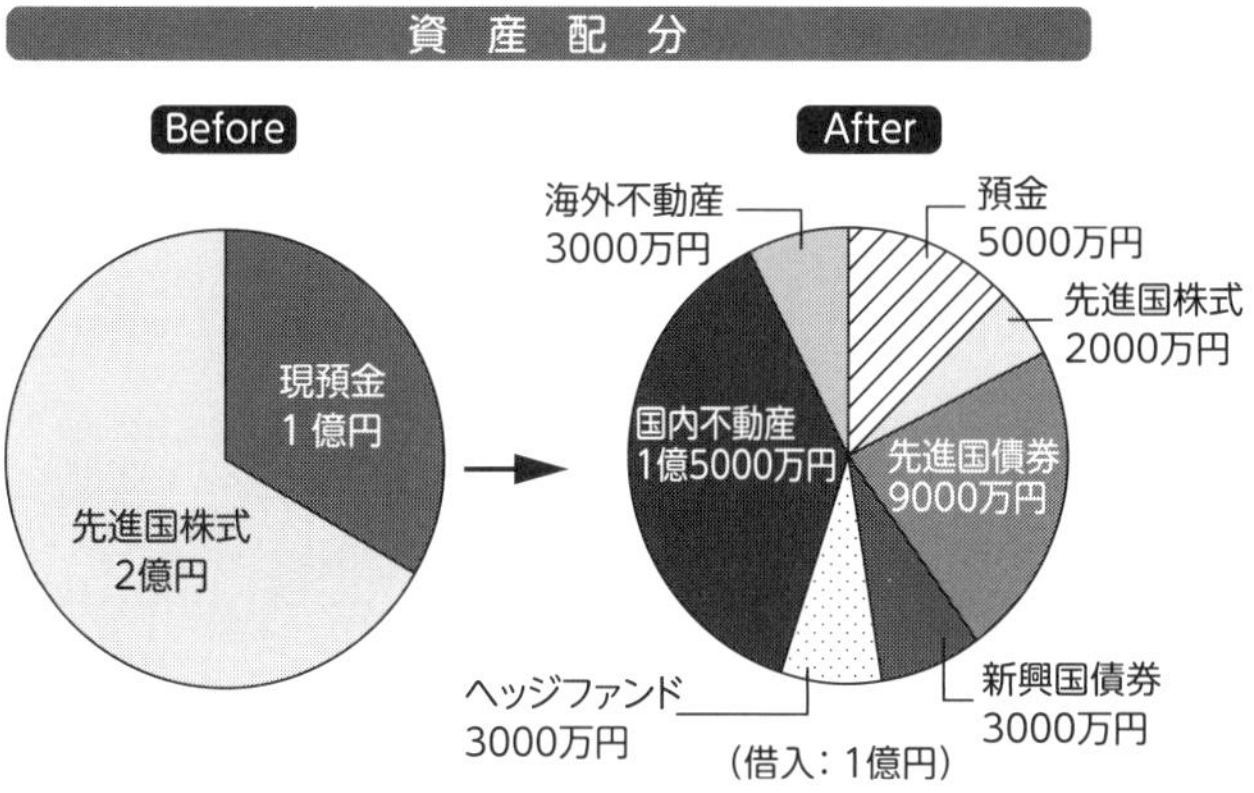

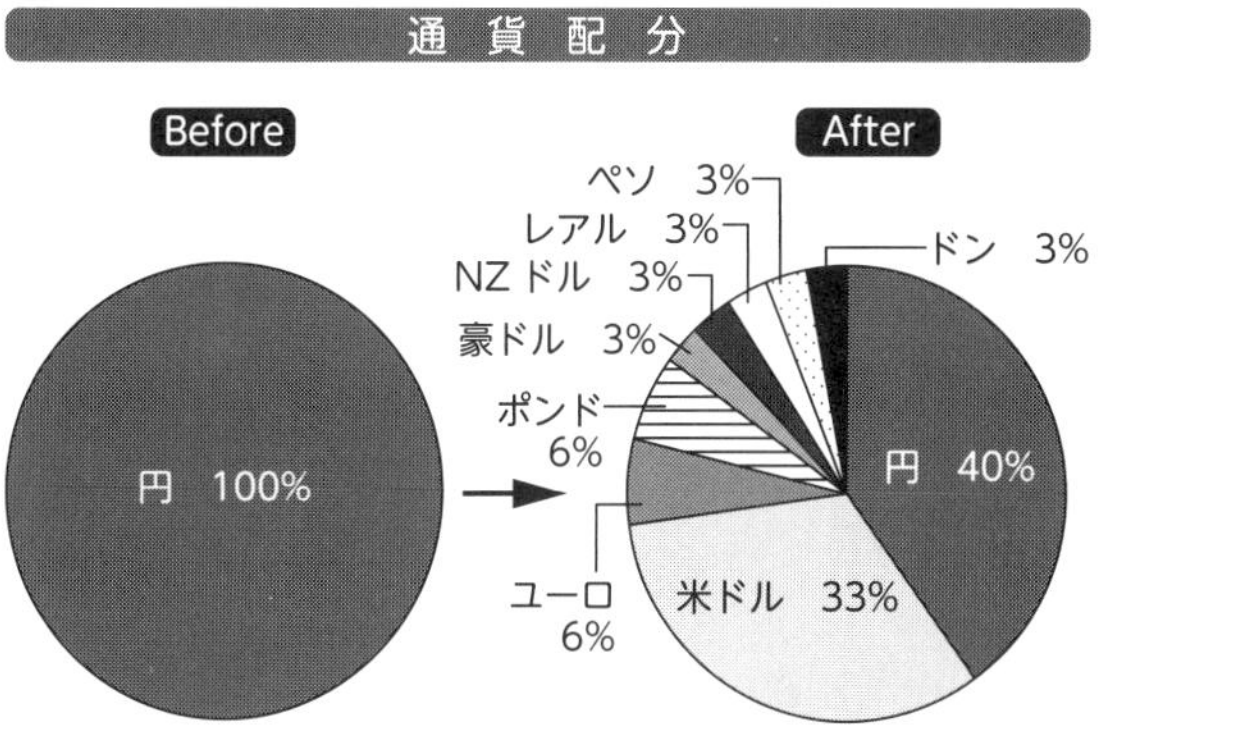

「資産配分を考える」とは「料理に例えるとレシピを考える」のと同義。
BeforeとAfterを比べると投資金額は同じかもしれませんが、
有事の際におけるリスク回避能力には雲泥の差があります。
集中投資ほど恐ろしいものはないと心得てください。

用語索引

著者紹介

世古口俊介（せこぐち・しゅんすけ）

株式会社ウェルス・パートナー代表取締役。

1982年三重県生まれ。大学卒業後、2005年4月に日興コーディアル証券（現・SMBC日興証券）に新卒で入社。三菱UFJメリルリンチPB証券（現・三菱UFJモルガン・スタンレーPB証券）を経て2009年8月、クレディ・スイス銀行（クレディ・スイス証券と兼職）のプライベートバンキング本部の立ち上げに参画し、同社の成長に貢献。同社同部門のプライベートバンカーとして最年少でヴァイス・プレジデントに昇格し、2016年5月に退職。2016年10月に独立系の資産運用コンサルティング会社、株式会社ウェルス・パートナーを創業し、代表取締役に就任。

一貫して保有資産数百億円以上の富裕層、会社オーナーの資産保全・管理、相続・事業承継対策に従事し、独立後は若年の資産形成層まで顧客対象を拡大し、資産配分（アセットロケーション）に関する指導・提案を行い、顧客数は300名を超える。

本書が初の著作になる。

●株式会社ウェルス・パートナー
Web　https://wealth-partner-re.com/
Email　info@wp-re.com

しっかり1億円《おくえん》貯《た》める月《つき》1万円投資術《まんえんとうしじゅつ》　〈検印省略〉

2020年　3　月　10　日　第　1　刷発行

著　者――世古口 俊介（せこぐち・しゅんすけ）
発行者――佐藤 和夫

発行所――株式会社あさ出版
〒171-0022 東京都豊島区南池袋 2-9-9 第一池袋ホワイトビル 6F
電　話　03（3983）3225（販売）
　　　　03（3983）3227（編集）
F A X　03（3983）3226
U R L　http://www.asa21.com/
E-mail　info@asa21.com
振　替　00160-1-720619

印刷・製本　美研プリンティング（株）

facebook　http://www.facebook.com/asapublishing
twitter　http://twitter.com/asapublishing

ISBN978-4-86667-184-0 C2034